David Winter
Die Bibel verstehen

David Winter

DIE BIBEL VERSTEHEN

Eine illustrierte Einführung

BRUNNEN

VERLAG GIESSEN · BASEL

Copyright der englischen Originalausgabe:
© 2008 Lion Hudson plc

Titel der englischen Originalausgabe:
David Winter,
The Bible made clear: An Illustrated Guide
Lion Hudson plc, Oxford, England
www.lionhudson.com

Aus dem Englischen von Roland Nickel
Lektorat: Uwe Bertelmann

Bibelzitate folgen, wenn nicht anders vermerkt, der Übersetzung Hoffnung für alle
© 1983, 1996, 2002 by International Bible Society. Übers. u. hrsg. durch:
Brunnen Verlag Basel, Schweiz.

Ansonsten: Lutherbibel, revidierter Text 1984, durchgesehene Ausgabe in neuer
Rechtschreibung, © 1999 Deutsche Bibelgesellschaft, Stuttgart. (LÜ)

Verwendung mit freundlicher Genehmigung der Verlage.

© der deutschen Ausgabe:
2008 Brunnen Verlag Gießen
www.brunnen-verlag.de
Umschlaggestaltung: Sabine Schweda
Satz: Die Feder GmbH, Wetzlar
Gedruckt in China
ISBN 978-3-7655-6498-7

INHALT

EINFÜHRUNG

Dieses Buch ist geschrieben für Menschen, die gerne die Bibel lesen und verstehen möchten, ohne deshalb gleich zum studierten Schriftgelehrten werden zu wollen. Es richtet sich an ganz normale Leute, die nicht, wie der Autor, die meiste Zeit ihres Berufslebens damit verbringen, die Bibel zu lesen und andere dafür zu begeistern.

Zu Anfang wird zunächst das große Thema der Bibel, die Geschichte, die sie erzählen will, vorgestellt. Den Abschluss bildet eine Art „Kompaktbibel", eine Auswahl für alle, die es eher fettarm, proteinreich und kurz mögen.

Falls die kleinen Nummern Sie verwirren sollten, die über das ganze Buch verstreut sind: Es sind Hinweise auf Bücher, Kapitel und Verse der Bibel. Sie müssen diese Stellen nicht unbedingt nachschlagen, wobei es natürlich manches Mal sicher hilfreich ist, wenn Sie die Bibelstellen, um die es gerade geht, im Original lesen. In diesem Fall gilt Folgendes: Zuerst wird das Buch der Bibel genannt – falls das nicht schon im Zusammenhang geschehen ist. Danach folgen die Angabe des Kapitels innerhalb des Buches und durch Komma getrennt die Nummern der jeweiligen Verse.

Diese Hinweise mögen manchem zu banal erscheinen – sie wollen aber deutlich machen, dass dieses Buch nichts beim Leser voraussetzen möchte. Vielleicht mit zwei Ausnahmen:

Sie sollten eine Bibel besitzen oder ausleihen können. Am besten eignet sich eine moderne Übertragung wie z. B. *Hoffnung für alle*, die *Gute-Nachricht-Bibel* oder die Übersetzung nach Martin Luther (*Luther 1984*). Wenn nicht anders angegeben, richten sich die Bibelzitate in diesem Buch nach der *Hoffnung für alle*. Das hat zwei Gründe: zum einen entspricht sie eher unserer Sprache – zum anderen hat mancher Leser vielleicht noch das „Luther-Deutsch" im Ohr, und wir wollen dem Missverständnis vorbeugen, es handele sich hierbei um die originale Ausdrucksweise der Bibel.

Zweitens sollten Sie ein gewisses Maß an Motivation mitbringen, sich auf eine Ihnen vielleicht fremde Welt einzulassen. Dann wird das einflussreichste und faszinierendste Buch der Weltliteratur für Sie nicht länger das sprichwörtliche „Buch mit sieben Siegeln" bleiben.

1
Aus der Vogelperspektive: Worum geht es?

Ein Mann und eine Frau fielen in ein tiefes Schlammloch, aus dem sie nicht mehr alleine heraus konnten. Sie schrien um Hilfe, doch niemand kam. Dann hörten sie Schritte. Ein bärtiger Mann erschien am Rand des Loches. „Oh," sagte er, „Sie sind in dieses Loch gefallen. Warten Sie, ich habe etwas, das Ihnen hilft." Er wühlte in einer riesigen Tasche und warf schließlich ein kleines Buch hinunter. „Lesen Sie das!" Dann verschwand er. Die beiden hoben das Buch aus dem Dreck, wischten es sauber und lasen: „Zehn Tipps, wie man nicht in Löcher fällt". Das war nun keine große Hilfe in ihrer Lage. Also schrien sie weiter.

Irgendwann hörten sie wieder Schritte und ein anderer bärtiger Mann blickte in das Loch. „Ah", sagte er klug. „Ich sehe, Sie sind in das Loch gefallen. Wissen Sie was? Es kommt jemand und wird Sie herausholen." Dann verschwand er. Die beiden schöpften immerhin etwas Hoffnung und warteten auf den versprochenen Retter.

Sie warteten und es kam ihnen vor wie eine Ewigkeit. Dann hörten sie Schritte. Nun erschien das Gesicht eines jungen Mannes über dem Loch. Der ließ eine Leiter hinunter stieg zu ihnen hinab in den Schlamm. „Vertrauen Sie mir", sagte er, „ich hole Sie hier heraus. Ich kenne mich aus." Dann packte er die Frau, legte sie über seine Schulter und trug sie die Leiter hinauf. Dieselbe Prozedur wiederholte er anschließend mit dem Mann. Die beiden bedankten sich überschwänglich. Dann wollten sie ihre Reise fortsetzen. „Augenblick", sagte der junge Mann, „könnte sich ein solcher Sturz nicht noch einmal wiederholen? Ich komme mit und begleite Sie auf Ihrer Reise." So marschierten die drei los. Sie ließen die Dunkelheit und den Schlamm zurück und liefen dem Sonnenaufgang entgegen.

Ein Buch mit einer Geschichte

Diese kleine Geschichte bringt das große Thema der Bibel auf den Punkt.

Viele Menschen finden vor allem deshalb keinen Zugang zur Bibel und sind beim Lesen verwirrt, weil sie nicht den großen Zusammenhang erkennen, der die vielen verschiedenen Bücher zu einer Einheit werden lässt. Sie lesen sie wie eine zusammenhanglose Sammlung von weisen Sprüchen, vernünftigen Ratschlägen und sonderbaren Geschichten – ohne zu sehen, dass die Bibel in vielen Facetten eine große Geschichte erzählen will.

Wer jedoch beginnt, die einzelnen Teile im Zusammenhang zu betrachten, wird eine Einheit und einen schlüssigen Aufbau erkennen.

Man braucht nur die Bibel aufzuschlagen und durchzublättern, um zu merken, dass sie anders ist als die meisten anderen Bücher. Sie hat nicht nur einen Verfasser, sondern viele. Sie ist nicht ein Buch, sondern besteht aus sechsundsechzig Büchern, ist also eine zusammengestellte

Hiobs böse Träume von William Blake, eine Illustration des Buches Hiob.

Bibliothek. Auch lässt sie sich nicht einfach in eine der bekannten Literaturgattungen einordnen. Es begegnen uns historische Berichte ebenso wie Poesie, weise Sprüche ebenso wie Visionen und Prophezeiungen. Einige der Bücher sind Briefe an unterschiedliche Personen oder Gruppen. Vier Bücher nennen sich *Evangelien,* auf Deutsch: *Gute Nachrichten.* Hier stellt sich die Frage zu Recht, was das wohl für eine Literaturgattung ist.

Ein Mischmasch?

Wer die die Bibel zur Hand nimmt, weil er vielleicht von ihrer Bedeutung und ihrem Einfluss auf unsere Kultur weiß, mag zunächst erschrecken, wenn er merkt, dass dieses Buch so ganz anders ist als andere bedeutsame Bücher. Große Werke der Weltliteratur haben normalerweise einen Autor, haben Anfang, Mitte und Schluss und einen roten Faden, der sich durch das Werk zieht.

Die Bibel dagegen wirkt auf den ersten und vielleicht auch zweiten Blick wie ein Mischmasch ohne Autor, ohne Handlung und ohne roten Faden. Nehmen wir zum Beispiel den Auftakt des ersten Buches, genannt 1. Mose oder *Genesis:* Zwischen dem elften und zwölften Kapitel findet sich ein massiver Bruch in der Geschichte. Danach geht es mehr oder weniger chronologisch weiter, bis man beim 3. Buch Mose landet und sich plötzlich in einer Liste fremdartiger, ritueller Vorschriften wiederfindet. An dieser Stelle geben viele bereits verzweifelt auf. Welchen Sinn hat ein Buch ohne Konzept und ohne einheitliches Thema?

Tatsächlich jedoch findet sich in der Bibel sehr wohl ein Konzept: Sie erzählt die Geschichte der Menschheit und handelt von der Beziehung der Menschen zu ihrem Schöpfer. Dazu kommen ganz unterschiedliche „Stimmen" zu Wort: Erzählungen ebenso wie Poesie, Gleichnisse, Prophetien und lehrhafte Texte. Weil die Bibel viele verschiedene Verfasser hat, sind der Stil und die Sprache nicht einheitlich. Als Leser könnte man den Eindruck bekommen, es gäbe so etwas wie eine typische biblische Ausdrucksweise. Diese „Bibelsprache" ist aber eher das Werk der Übersetzer als der ur-

Studium der Schriftrollen vom Toten Meer

sprünglichen Verfasser. Wenn darum Leute behaupten, sie würden die Sprache der Bibel „lieben", meinen sie vielleicht die Formulierungen einer bestimmten Übersetzung. Würden sie die Briefe des Apostel Paulus oder das Evangelium des Markus oder eines der 5 Bücher Mose im griechischen oder hebräischen Original lesen, würden sie auf eine sprachliche Vielfalt stoßen, und manches würde nicht mehr so literarisch hochstehend erscheinen.

Eine Geschichte, die erzählt werden muss

Wahrscheinlich haben sich die meisten Verfasser wenig Gedanken gemacht über literarische und stilistische Feinheiten. Sie wollten eine Geschichte erzählen, von Erlebnissen berichten oder eine Vision niederschreiben. Dabei kam es ihnen sicher nicht in den Sinn, dass ihre Werke eines Tages Teil einer großen Sammlung mit dem Titel „Die Bibel" sein würden. Sie lieferten einfach einen Beitrag, der sich später in ein größeres Ganzes einfügen würde. Ihnen ging es darum, ihre Erfahrungen und ihr Wissen festzuhalten, damit andere Menschen Gott und seine Wege besser kennen lernen.

Die vielen verschiedenen Teile lassen sich – vielleicht nicht ganz zufällig – zu einem in sich schlüssigen, großen Werk zusammenfügen. Gläubige sehen hier natürlich nicht nur Zufall, sondern göttliche Vorsehung am Werk.

Vielleicht ist es Ihnen aufgefallen: Die kleine Geschichte vom Anfang fasst gleichnishaft die großen, grundlegenden Ereignisse der Bibel zusammen: Am Anfang steht der Absturz, der „Fall" der Menschheit. Nachdem die Bibel von der Schöpfung der Welt berichtet, erklärt uns die Geschichte von Adam und Eva die Existenz des Bösen in der Welt und zeigt die moralische Misere, in der wir Menschen uns befinden. Adam und Eva entschieden sich dafür, Gottes Anweisungen zu ignorieren. Die „Urgeschichte" (1. Mose 1-11) will erklären, wie die Welt so wurde, wie sie ist, der Rest des 1. Buches der Bibel erklärt, wie das Volk Israel als Gottes auserwähltes Volk entstanden ist – womit sich der Weg aus der Misere heraus anbahnt.

Darauf folgt ein langer Abschnitt, dessen großes Thema das „Gesetz" ist, das wir in den Zehn Geboten zusammengefasst finden. Die Gebote sind sozusagen Gottes Leitplanken für unseren Lebensweg. Im Bild gesprochen bewahren sie uns davor, in Gruben zu stürzen. Für

Adam und Eva kamen sie allerdings etwas zu spät ... Diese Schriften erinnern uns jedoch auch daran, dass Gott seine Kinder nicht verstoßen hat. Er sucht sie und sehnt sich danach, dass sie ihm gehorchen und vertrauen und möchte zeigen, wie Leben gelingen kann.

EIN HEER VON VISIONÄREN

Später traten die Propheten auf, ein ganzes Heer von Sehern. Die Worte eines Jesaja, Jeremia, Hesekiel und weiterer Propheten finden wir in der zweiten Hälfte des Alten Testaments. Es waren Menschen, die Zugang zu göttlichen Einsichten hatten – anders als die meisten ihrer Zeitgenossen und sicher auch anders als die meisten von uns. Sie sprachen deutliche Warnungen aus, machten aber auch Mut und gaben Verheißungen künftigen Heils. Obwohl sie mit menschlichen Stimmen sprachen, leiteten sie ihre Aussprüche mit den Worten „so spricht der Herr" ein. Und sie kündigten an, dass Gott die Menschen nicht vergessen habe und eines Tages einen Retter und Erlöser schicken würde, um sie wieder auf den richtigen Weg zu bringen.

Wir gehen weiter zum Neuen Testament und kommen zu den *Evangelien*, den Berichten vom Leben und der Lehre Jesu. Die Verfasser halten ihn für diesen versprochenen Retter. Ihre Botschaft lautet, dass Jesus, im Bild gesprochen, zu uns in unsere Grube voller Versagen und Angst kam. Durch sein Leben, sein Sterben und seine Auferstehung hat er uns herausgeholt.

Im zweiten Teil des Neuen Testamentes berichtet die Bibel von der neuen Gemeinschaft der Christen, die aufgrund des Lebens und der Lehre Jesu entstand. Eine Gemeinschaft, in der der Geist Jesu lebt, führt, stärkt und schützt, so wie es Jesus seinen Jüngern zum Abschied gesagt hat: „Ich bin immer bei euch."

Die Bibel endet mit der Offenbarung des Johannes – einem Ausblick auf das Ende dieser Welt und auf eine neue Welt, in der die Menschen wieder in Gemeinschaft mit Gott leben werden.

Das ist – kurz zusammengefasst – die „Geschichte" der Bibel, wie sie sich in den unterschiedlichen Büchern von etwa vierzig Autoren entfaltet. Wer sich dieser großen Geschichte beim Lesen bewusst ist, kann die einzelnen Teile in ihrem Zusammenhang sehen. Leider wird die Bibel zu oft als eine Reihe isolierter Abhandlungen gelesen. Einige kennen vielleicht Psalm 23 („Der Herr ist mein Hirte"), während andere sich

bei Sprüchen Jesu bedienen: „Selig sind die Sanftmütigen", „Halte die andere Backe hin", „Liebe deine Feinde". Die Bibel wird dann als Fundgrube von
Sprüchen und Poesie betrachtet, nicht aber als die
Geschichte der Menschen auf der Suche nach Gott
(und Gottes Suche nach uns). Gerade das aber will
sie sein.

*Orthodoxe Juden in
einer Synagoge in
Bnei Berak, Israel.
Der Rabbi liest die
Thora während des
Purim-Festes.*

WER IST DER AUTOR?

Damit ist aber die Frage immer noch nicht geklärt, wer denn nun die
Bibel geschrieben hat. Artikelsammlungen sind selten Bestseller, weil
ihnen die einheitliche Handschrift eines Verfassers fehlt. Die Bibel hat
nicht einmal einen einzelnen Herausgeber oder Bearbeiter. Irgendjemand schrieb die fünf Bücher Mose, den *Pentateuch*. Jemand anderes
stellte die *Psalmen*, eine Sammlung von Liedern und Gedichten, zusammen. Noch ein anderer Herausgeber bearbeitete die „Weisheitsbücher",
also *Sprüche*, *Prediger* und andere. Irgendwann wurde schließlich entschieden, welche Bücher die hebräische Bibel bilden sollten, jene hei-

DER AUFBAU DER BIBEL

Unsere heutige Bibel besteht aus zwei Teilen: Den hebräischen Schriften (die Bibel, wie Jesus sie kannte; wir nennen sie das *Alte Testament*) und den christlichen Schriften (das *Neue Testament*).

Die hebräischen Schriften

Die hebräischen Schriften sind identisch mit dem *Alten Testament,* wobei die Reihenfolge der Bücher variiert. Die Sammlung wurde endgültig in ihrer jetzigen Gestalt im zweiten Jahrhundert vor Christus zusammengestellt. Man unterteilt drei Abschnitte: Das *Gesetz,* die *Propheten* und die *Schriften.* Der älteste Teil, das *Gesetz* (auch Pentateuch genannt – die fünf Bücher Mose) besaß göttliche Autorität mit Sicherheit schon zur Zeit Esras und Nehemias (5. Jh. v. Chr.), vermutlich aber seitdem es dem Volk gegeben wurde, wenngleich es manchmal in Vergessenheit geriet.

Aufgrund der Aufteilung zählt die hebräische Bibel nur 36 Bücher, das christliche Alte Testament jedoch – bei gleichem Inhalt – 39 Bücher. Die *Propheten* sind in der hebräischen Bibel nach dem (einen) Buch *Könige* angeordnet, vor den *Psalmen* und anderen Weisheitsbüchern (*Hiob, Rut, Prediger*). Das (eine) Buch der *Chronik* schließt die hebräische Bibel ab.

Die christlichen Schriften

Das *Neue Testament* beginnt mit den vier Evangelien. Sie erzählen in unterschiedlichem Blickwinkel die Geschichte von Leben, Lehre, Sterben und Auferstehung Jesu. Ihnen folgt die *Apostelgeschichte,* ein Bericht über die ersten Jahre der Ausbreitung des Christentums. Die *Briefe* von Paulus, Petrus, Jakobus und Johannes und der Hebräerbrief schließen sich an. Sie zeigen, wie die Botschaft der Evangelien in der Frühzeit der Gemeinde umgesetzt wurde. Das Neue Testament schließt mit dem Buch *Offenbarung,* das den Blick auf die Zukunft eröffnet. Die endgültige Sammlung dieser Schriften zu einem „Kanon" war abgeschlossen im 5. Jh. n. Chr., hatte sich aber seit Ende des 2. Jh. kaum noch verändert.

ligen Texte, die die Grundlage der Nation (Israel) und der Religion (Judentum) bildeten.

Im Neuen Testament begegnen uns dieselben Fragen. Von Vorteil ist hier, dass in den meisten Fällen die Autoren ihren Namen nennen oder zumindest andeuten und wir viele von ihnen kennen. Trotzdem musste entschieden werden, welche Schriften zur christlichen Bibel gehören und damit die Grundlage der neuen Gemeinschaft (der Kirche) und der neuen Religion (des Christentums) bilden sollten. Die Entscheidung wurde – nach einer Jahrhunderte dauernden Debatte – von der Kirche getroffen und im Grunde von allen christlichen Gruppen übernommen.

Die Bibel ist eigentlich eine Bibliothek von Büchern vieler verschiedener Autoren, dennoch steckt ein Konzept dahinter; die Bibel erzählt eine Geschichte. Es gibt so etwas wie einen verbindenden Sinn, eine Einheit. Wahrscheinlich begeben wir uns hier auf die Ebene des Glaubens, aber selbst der skeptische, fragende Leser wird merken, dass das Ganze größer ist als seine Teile.

DIE GESCHICHTE EINER NATION

Warum berichtet die Bibel so viel über die Geschichte und die Ideen Israels, jenem kleinen Volk im Nahen Osten? Natürlich geschehen auch an anderen Orten wichtige und bedeutsame Dinge. Und die Bibel ist, wie bereits gesagt, ein Bericht über die Suche der Menschen nach Gott und über Gottes Wege mit der Menschheit. Hat Gott dann aber in vorgeschichtlicher Zeit und in der Geschichte der anderen Völker nichts getan mit den Menschen oder für sie? Es wäre sicher sehr seltsam, wenn es so wäre – und viele Geschichten der hebräischen Bibel berichten sehr wohl von Gottes Handeln an anderen Völkern. Es geht vielmehr darum, dass Gott mit einem auserwählten Volk sein Ziel verfolgt. Es musste oft schmerzhaft lernen, versagte oft und wurde geführt, bis aus seiner Mitte die Person hervorging, die nicht nur jenem Volk, sondern der ganzen Welt den Weg zu Gott zeigen sollte.

Auch wer daran nicht glauben mag, wird doch zustimmen, dass dies ein großartiges und gewaltiges Konzept ist. Es geht davon aus, dass Gott, der Schöpfer der Menschheit, sich offenbart. Er schweigt nicht, sondern er teilt sich mit. Von dieser Offenbarung wollen die unterschiedlichen Bücher der Bibel auf ganz verschiedene Weise erzählen. Mit ihren Geschichten, Gedichten, Chroniken und Visionen fangen sie die Worte und Taten Gottes ein, der möchte, dass wir ihn kennen lernen. Darum haben die Christen aller Zeiten doch einen einzigen Autor erkennen können – den Heiligen Geist Gottes.

2
DIE BIBEL ALS GESCHICHTS-BUCH?

Die Bibel ist in der Geschichte verankert. Anders als andere große religiöse Schriften der Welt, etwa die Bhagavad Gita, ist sie nicht bloß eine Sammlung von Geschichten, Gesprächen und weisen Sprüchen, die aus ihrem historischen Zusammenhang gerissen wurden. Von Anfang an stellt sich die Bibel selbst als geschichtliches Buch dar.

Das stellt den modernen Leser unmittelbar vor Probleme. Wenn die Bibel allmählich im Laufe der Geschichte geschrieben wurde, ja, wenn sie sogar behauptet, Teil dieser Geschichte zu sein, müssen wir sie dann nicht auch nach historischen Kriterien beurteilen? Berichtet sie von historischen Tatsachen? Sind ihre Aussagen sachlich korrekt? Oder haben wir es mit einem anderen Zugang zur Geschichte zu tun, der sich mit einer größeren oder tieferen Art von Wahrheit innerhalb der Geschichte beschäftigt als mit bloßen „Fakten"?

WAHRHEIT, DIE GRÖSSER IST ALS „FAKTEN"

Verdeutlichen wir uns einmal das Problem. Im ersten Kapitel der Bibel finden wir eine Schöpfungsgeschichte, die detailliert und in einer bestimmten Reihenfolge die Entstehung der ganzen Welt schildert. Doch im zweiten Kapitel begegnet uns ein anderer Bericht, der sich auf die Erschaffung des Menschen als Mann und Frau konzentriert. Kapitel 3 bietet noch eine ganz andere Art von „Geschichte": Die böse Schlange erscheint als Verführer im Garten Eden und der Mann und die Frau,

jetzt Adam und Eva genannt, werden aus ihrem irdischen Paradies vertrieben, weil sie die verbotene Frucht gegessen haben. Kapitel 4 beschreibt das erste Verbrechen: Zwei Söhne Adams geraten in Streit und Kain ermordet seinen Bruder Abel. In Kapitel 5 stoßen wir auf einen erstaunlichen Stammbaum früher Menschengenerationen, die außergewöhnlich lange lebten. Der berühmte Methusalem ist mit seinen 969 Jahren hier der Spitzenreiter. In Kapitel 6 beginnt der Bericht über die Flut und Noahs Rettung durch die von ihm gebaute Arche.

Spätestens jetzt wird sich der Leser, der die Bibel vielleicht zum ersten Mal in die Hand genommen hat, fragen, was er hier vor sich hat. Sind das Mythen, Fabeln, Legenden oder, wie einige Texte nahelegen, eine Art historischer Erzählung, eine Chronik der ersten Tage der Menschheit?

Die Schöpfung Adams von Michelangelo Buonarroti (1475–1564). Der große Künstler versuchte in diesem wunderbaren Fresko den Moment festzuhalten, in dem Gott Adam das Leben gab. Das Bild zeigt, wie menschliche Fantasie und künstlerische Kreativität die Botschaft der biblischen Geschichte erfassen kann.

Die Worte und Werke Gottes

Die meisten Menschen, selbst die meisten Christen, hätten kein Problem damit, die ersten Kapitel von Genesis nicht als streng historischen, wissenschaftlichen Bericht zu lesen. Gleichzeitig jedoch beansprucht dieser Text eine große Autorität. Er präsentiert sich als Wort Gottes und beschreibt die Werke Gottes, und das Ganze wird nicht angeboten als eine von mehreren möglichen Betrachtungsweisen. Viele Christen sagen nun, dass wir es hier mit einer religiösen und nicht mit einer wissenschaftlichen Abhandlung zu tun haben. Dennoch schreiben sie dem Bericht eine Vollmacht und Gültigkeit zu, die man keiner ausgedachten Geschichte zugestehen würde, und sei sie noch so brillant erzählt. Der moderne Verstand aber kommt nicht an der Frage vorbei, ob es denn wahr ist?

Um das befriedigend zu beantworten, müssen wir uns etwas grundsätzlicher fragen, was eigentlich Wahrheit ist. Liegt die Wahrheit in den

Die Flut

Viele Kulturen des Altertums haben Berichte bewahrt über eine große Flut, die nur wenige Menschen überlebten. Auch die biblische Geschichte gibt diese Erinnerung wieder und beschreibt sie eindeutig als ein Werk Gottes. Die Menschheit war moralisch verdorben – 1. Mose 6,1-3 erzählt von der geschlechtlichen Verbindung von Menschen und menschen-ähnlichen Wesen („Gottessöhnen"; LÜ) – und die Flut ein massiver Akt der Reinigung. Noah und seine Familie sind der „fromme Rest", ein vertrautes Thema in den hebräischen Schriften. Sein Gehorsam führte zur Rettung seines Lebens, seiner Familie und des Tier- und Vogelreichs (der bekannteste Teil der Geschichte). Als die Flut abgeklungen war, versprach Gott, nie wieder die Welt in einer so verheerenden Weise zu richten. Stattdessen sollten die Jahreszeiten bis zum Ende der Zeit fortbestehen (1. Mose 8,21-22).

„Fakten"? Oder in meiner eigenen Erfahrung? Oder in der Interpretation des Lebens durch kluge Denker und Lehrer? Oder ist sie das Nebenprodukt rationaler, wissenschaftlicher Beweise, gesichert durch sorgfältige Forschung und schonungslose Analyse? Oder nichts von all dem?

WAS IST WAHRHEIT?

In meinen 30 Jahren als Journalist habe ich eine gesunde Skepsis gegenüber den „reinen Fakten" entwickelt – und gegenüber Journalisten und Reportern, die behaupten, mir „nur die Fakten" zu liefern. Wahrheit ist tiefer und schwerer zu fassen und ist mehr als bloßes Faktenwissen. Aus der Sicht des Glaubens sage ich heute, dass Wahrheit im letzten immer von Gott gegeben sein muss.

Noah führt die Tiere in die Arche, von Jan Brueghel dem Älteren (1568–1625)

Wenn man das berücksichtigt, lohnt es sich, noch einmal in die ersten Kapitel der Bibel hineinzuschauen: Zunächst ist klar, dass es keinen menschlichen Augenzeugen der Schöpfung geben konnte; das Wissen darüber kann also nur vom Schöpfer selbst stammen. Gehen wir nun davon aus, dass der Schöpfer den Menschen einen Bericht über die Anfänge des Universums mitgeben wollte, dann fällt es gar nicht leicht, sich vorzustellen, welche Form er haben müsste. Er müsste in gleicher Weise von den Menschen des alten vorderen Orients wie von uns, die wir wissenschaftlich zu denken gewohnt sind, verstanden werden können.

Hier begegnet uns nun mit dem biblischen Schöpfungsbericht ein erstaunlich kraftvolles und einmaliges Schriftstück. Er beschreibt die Entstehung der Welt aus der Perspektive der Menschen des Altertums so, dass sie es verstehen konnten. Und er wird gleichermaßen von modernen Physikern und Biologen geschätzt, beschreibt er doch die Dinge ganz nüchtern ohne die im Alten Orient üblichen Geschichten von Götterkämpfen und Ähnlichem. Das Eingangskapitel ist eine lebendige Erzählung in poetischer Form, die durch einen wiederkehrenden Refrain in Strophen eingeteilt wird: „Da ward aus Abend und Morgen der erste (zweite, dritte, …) Tag." Hier wird das Fundament für die zentrale Aussage der Bibel gelegt: Diese Welt ist Schöpfung und nicht das Produkt des Zufalls, und die Menschen gehören als Geschöpfe zu ihr. Hier wird ein tiefgründiger Sachverhalt in einer Sprache vermittelt, die Menschen zu allen Zeiten verstehen können. Der Astrophysiker unserer Tage wird ebenso angesprochen wie einfache Nomaden des 2. Jahrtausends vor Christus in ihren Zelten.

JAHRHUNDERTE DER ÜBERLIEFERUNG

Die folgende Erzählung bis zum Turmbau zu Babel (bis 1. Mose 11) kann als „Urgeschichte" bezeichnet werden und handelt von prähistorischer Zeit.

Einiges ist Poesie, doch das meiste spiegelt die Sprache eines Erzählers oder eines Chronisten wider. Diese alten Geschichten hatten durch eine jahrhundertelange Überlieferung ihre Form gewonnen, bevor man sie das erste Mal irgendwann im 2. oder 1. Jahrtausend v. Chr. niederschrieb. In der Art der Überlieferung dieser Erzählungen erkennen viele Christen eine göttliche Vorhersehung, die uns einen kostbaren

Einblick gibt in die Schöpfung, in der wir leben, und in unser Menschsein.

Und zweifellos liegen bedeutende historische Erinnerungen vor: An Vorfahren mit großem Ansehen, an eine mächtige Flut, die nur wenige überlebten, an eine allmähliche Ausbreitung der jungen Menschheit von ihren ursprünglichen Siedlungsplätzen im Nahen Osten (oder wo auch immer) in entfernte Länder, an die Entstehung der verschiedenen Sprachen.

All das finden wir in den ersten elf Kapiteln der Bibel, doch dieser Reichtum an Wahrheit entgeht jenen, die sich nur auf die Fakten konzentrieren und sich damit begnügen, darüber zu diskutieren, wer Kains Frau war oder wer wohl mit den „Riesen" gemeint ist (1. Mose 6,4).

In der ganzen Bibel stellt sich immer wieder die Frage: Wenn ihre Bedeutung auch über die in ihr berichteten Fakten hinausgehen mag – was ist, wenn nicht alle Fakten korrekt wiedergegeben sind? Ist dann die Autorität der Bibel in Frage gestellt? Was ist, wenn in einer Chronik die Zahl der kämpfenden Soldaten falsch angegeben ist oder wenn z. B. im Neuen Testament die verschiedenen Evangelien einander widersprechende Aussagen über die Umstände des Todes von Judas, der Jesus verraten hat, machen?

HAT JONA DEN WAL VERSCHLUCKT?

Für viele Christen sind solche Fragen wichtig. Ich erinnere mich noch an die Zeit, als ich die ersten Male etwas über den Glauben hörte. Man sagte mir damals: Wenn du an dem Bericht zweifelst, dass Bileams Esel sprechen konnte (4. Mose 22,28) – wie kannst du dann der Bibel vertrauen, wenn sie von der Auferstehung Jesu spricht? Der Redner rühmte sich damit, dass er der Bibel auch dann glauben würde, wenn sie behaupten würde, dass Jona den Wal verschluckt hätte (in der Bibel wird es genau andersherum beschrieben). Ich denke, Gott würde wohl kaum von den Menschen, denen er Verstand und Einsicht gegeben hat, verlangen, solch einen Unsinn zu glauben.

Kommt es also mehr darauf an, was ich „schlucken" kann, als auf das, was Jona oder der Wal konnten? Wenn die Bibel nur das sagen darf, was ich verstehen will oder kann, wird sie kraftlos, jeglicher Autorität und jedem objektivem Wert beraubt. Wie eine Figur in Lewis Carrolls Geschichte *Alice im Wunderland* würde ich dann einfach festlegen, dass

Kampfszene auf einem Relief aus dem Palast des Königs Sanherib in Ninive. Es stellt assyrische Truppen bei der Belagerung von Lachisch im Jahr 701 v. Chr. dar, ein Ereignis, das in 2. Könige 18,13 berichtet wird.

In den letzten einhundert Jahren archäologischer Forschung wurden viele Belege gefunden, die die Genauigkeit der biblischen Berichte bestätigten – auch wenn Gelehrte lange diesbezüglich ihre Zweifel angemeldet hatten. Man fand Inschriften, Kunstgegenstände und Fragmente von Manuskripten. So wurde 1961 in Caesarea eine Inschrift mit dem Namen Pontius Pilatus gefunden. Sie war der erste Hinweis, der die Existenz des römischen Präfekten bestätigte, der Jesus zum Tode verurteilte. Indes ist es oft schwierig, stichhaltige Beweise für Ereignisse zu finden, die mehr als zweitausend Jahre zurückliegen, geschweige denn aus der Zeit Abrahams vor weiteren zweitausend Jahren. Dennoch werden auch für die Zeit des Alten Testamentes viele Ereignisse und Personen durch die archäologischen Hinterlassenschaften umliegender Nationen bestätigt.

Immer wieder zeigt es sich, dass der größte Teil der Bibel – mit Ausnahme von Gedichten, Gleichnissen oder Visionen – fest in der Geschichte verankert ist. Reale Personen schrieben über reale Ereignisse und Erfahrungen, die sie entweder selbst gemacht haben oder die ihnen überliefert wurden.

alles genau das bedeutet, was ich mir wünsche. Ich würde damit die Bibel durch ein einfaches Raster laufen lassen: Kann ich das glauben oder nicht? Wenn nicht, dann ist die Bibel für mich unbrauchbar und wertlos als Quelle von Wahrheit.

Mit diesem Maßstab könnten wir jeden Gedanken begraben, der heute unser Verstehen übersteigt. Wie etwa kann ich dann die „Vorstellung" von der Existenz unseres Universums „schlucken", die Idee von Raum und Zeit, von Selbstbewusstsein, von Relativität oder Schwerkraft oder irgendetwas sonst, das ich im Vertrauen akzeptiere, aber nie völlig verstehen kann?

Wenn lediglich das wahr ist, was ich momentan akzeptieren kann, dann wird das Repertoire an Wahrheiten, die ich noch akzeptieren kann, ein sehr begrenztes sein. Wenn ich so an die Bibel herangehe, werde ich meinen Geist von vornherein verschließen für jegliche Einsicht in mögliche Wunder Gottes und jegliche über meinen Horizont hinausgehende Wahrheit. Sie müssen nicht mit einem festen Glauben kommen, um einen Zugang zur Bibel zu finden – aber mit einem offenen Geist und der Bereitschaft, sich auf ungewohnte Gedankengänge einzulassen.

Einige Prinzipien können uns dabei helfen, uns ein klareres Urteil über die geschichtliche Zuverlässigkeit biblischer Texte zu bilden. Ich möchte gerne vier Prinzipien vorschlagen.

Um welche Art von Text handelt es sich?

Zunächst gilt es, die Art der Literatur zu untersuchen und sich die Frage zu stellen: „Um welche Art von Text handelt es sich?" Haben wir es mit einem historischen Bericht zu tun oder mit einem Gleichnis, einer Sage oder sogenannter apokalyptischer Literatur, die ein wenig moderner Fantasy-Literatur ähnelt? Jede Gattung beansprucht ein anderes Maß an historischer Zuverlässigkeit, und entsprechend sollten wir an die Texte herangehen. Wir werden noch sehen, wie wichtig die sorgfältige Berücksichtigung der Literaturgattung beim Bibellesen ist. Das gilt allein schon deshalb, weil die Bibel so viele verschiedene Literaturarten einschließt, oft innerhalb eines Buches oder gar eines Abschnitts.

Woher kommt der Text?

An zweiter Stelle steht die Frage nach dem Ursprung des Textes. Welche Geschichte steckt dahinter? Stammt er aus prähistorischer Zeit und wurde vielleicht zuerst über Jahrhunderte an Lagerfeuern erzählt, bevor man ihn niederschrieb? Oder stammt er aus einem bestimmten Umfeld oder von einer Gruppierung innerhalb einer Kultur? Ist er lehrhaft – will er also eine Wahrheit vermitteln oder Zweifler überzeugen? Wird eine Geschichte mit einer alten Erzählung verbunden, um etwas zu verdeutlichen oder dem Leser eine neue Perspektive zu vermitteln?

So besteht etwa ein himmelweiter Unterschied zwischen dem Ursprung der Evangelien, die innerhalb von 40–50 Jahren nach den berichteten Ereignissen entstanden, und der Urgeschichte, die zu einer Zeit in die hebräischen Schriften eingefügt wurde, als die berichteten Ereignisse schon sehr lange Zeit zurücklagen.

Wie passt der Text in den großen Zusammenhang?

Das dritte Kriterium fragt nach dem Platz, den der Text in der großen Geschichte Gottes mit den Menschen einnimmt. So werfen die Evangelien zwar ganz eigene Fragen auf, sind aber vergleichsweise einfach einzuordnen. Ebenso das Buch Genesis, das den Ursprüngen des Universums, des Lebens, der Menschen nachgeht. Es behandelt auch mutig das Problem der Beziehung zwischen dem Glauben an Gott und der Hoffnung für unseren Planeten und seine Bewohner. Ebenso mutig bietet es eine „Erklärung" für die Existenz des Bösen in einem Universum, das Gott erschaffen hat und als „sehr gut" beurteilte (1. Mose 1,31).

Wie in Kapitel 1 bereits gesagt, müssen wir das „Konzept" betrachten und fragen, wie die einzelnen Teile hineinpassen. Der Blick auf den Zusammenhang eines Textes ist oft der entscheidende Schlüssel für das richtige Verständnis. Das gilt für die Zeitung von heute ebenso wie für die Geschichte von Adam und Eva.

Das wirkliche Leben

Das vierte Prinzip beschäftigt sich mit der Frage nach dem Bezug eines Textes zum wirklichen Leben in Raum und Zeit. Die Bibel ist nie völlig losgelöst von uns und unserer Welt. Das gilt selbst dann, wenn sie, wie im Buch der Offenbarung, in unvorstellbare Bereiche der visionären Erfahrung emporsteigt. Der Mann, der diese Visionen empfing, befand sich an einem Sonntag (Zeit) auf der Insel Patmos (Ort) und hieß Johannes. Ganz gleich, wie wir solch eine Visionen verstehen – wir haben es zunächst mit einer menschlichen Erfahrung in Raum und Zeit zu tun. Und diese Texte sind für uns geschrieben, egal, wer und wo wir sind. Sie sind keine Einbildung und auch nicht bestimmt für Götter oder Engel, sondern für die Augen, den Verstand und das Herz von Menschen.

Zu Beginn dieses Kapitels habe ich gefragt, ob sich die Bibel mit einem anderen Zugang zur Geschichte befasst, mit einer Art Wahrheit in der Geschichte, die über reine „Fakten" bei weitem hinausgeht. Ich hoffe, dass ich am Ende überzeugende Gründe liefern konnte, sie so zu lesen. Nicht als bloße Erfindung, als Produkt einer fruchtbaren, wenngleich geistlich offenen, menschlichen Vorstellungskraft. Sondern als Bericht der Geschichte Gottes mit den Menschen.

Die Wahrheit der Bibel liegt in ihren Gedichten und Gleichnissen, in ihren weisen Worten und Sprichwörtern ebenso wie in ihren historischen Berichten. Sie lässt sich finden in den Aufzeichnungen antiker Menschen von ihrer Suche nach Gott – und Gottes Suche nach ihnen. Sie lässt sich vielleicht am klarsten finden in den Abschnitten der Bibel, die mit Absicht die meisten „Sachinformationen" enthalten, den Evangelien. Hier begegnet uns die erstaunliche Darstellung des Jesus von Nazareth.

Die Wahrheit kann überall in der Bibel gefunden werden, jedoch muss der Leser danach Ausschau halten. Damit fordert die Bibel alle heraus, die sie gerne lesen möchten.

3
DIE BIBEL ALS GESCHICHTENBUCH

„Du erzählst Geschichten" heißt soviel wie: „Das hast du dir ausgedacht" – womit das Erzählte als erlogen entlarvt ist. Deshalb ist es schwierig, von der Bibel als einem Geschichtenbuch zu sprechen. Die Leute folgern sofort, dass man von Erdichtetem redet – einer Sammlung von Fabeln, die über die Jahrhunderte zu mystischer oder spiritueller Autorität gelangten. Tatsächlich aber bilden Geschichten für uns den Grundstock der Geschichte. Hannibals Zug über die Alpen, Jeanne d'Arc mit ihrem göttlichen Auftrag, die Anekdoten um den „Alten Fritz" oder um Konrad Adenauer – Geschichten, von denen die meisten Menschen schon gehört haben. Wir wissen, dass wirkliche Personen und zum Teil wahre Geschichte dahinter stehen. Wahrscheinlich wurden diese Geschichten erzählt, um Geschichte mit menschlichen Erfahrungen, einem „Gesicht" zu verknüpfen.

MODERNE GESCHICHTEN

Noch heute werden Geschichten in gleicher Weise benutzt: Chruschtschow steht mit gespreizten Beinen auf einem Panzer in Moskau, die Berliner Mauer wird zerlegt, entführte Flugzeuge stürzen in das World Trade Center in New York und in Bagdad kippt die Statue von Saddam Hussein. Das alles sind lebendige Geschichten, die große Momente der Geschichte in unserer Erinnerung festhalten. Geschichten machen Ereignisse und Gedanken lebendig. In diesem Sinn ist die Bibel ein Geschichtenbuch. Sie setzt ihren Lesern in den allermeisten Fällen nicht theoretische Lehrsätze vor, sondern erzählt vor allem Geschichten und berichtet von Personen.

Auch Jesus war einer der größten Meister im Erzählen von Geschichten, der seine Lehre in „Gleichnisse" verpackte: „Es ist wie …". Auch wenn in der Bibel historische Ereignisse erzählt werden, die auch als solche verstanden werden sollen, geschieht das eher im Stil eines Erzählers als eines modernen Historikers.

Die „Geschichten" der Bibel

In diesem Kapitel möchte ich einige Geschichten der Bibel anschauen. Betrachten Sie sie zunächst einmal einfach als Geschichten, ganz gleich, ob Sie sie ehrfürchtig als heilige Schriften achten oder als unrealistischen Unsinn belächeln. Unsere auch wohlgemeinten Vorurteile können ein Ballast sein, der die Wahrheit einer einfachen Geschichte verdunkelt. Auf der anderen Seite stehen wir in der Gefahr, uns über den Text zu erheben, weil wir denken, wir wüssten es besser.

Wenn wir diese Geschichten jetzt betrachten, ist es wichtig, sie als *Reden* wahrzunehmen, nicht als *Schriftstücke*. Stellen Sie sich vor, Sie sitzen um ein Feuer in einem Zeltlager oder zu Füßen eines Erzählers an einer staubigen Straße im Nahen Osten. Vergessen Sie möglichst den kostbaren Einband und den Goldschnitt Ihrer Bibel und hören Sie der Geschichte zu.

Der Garten der Freuden

Starten wir am Anfang, im Garten Eden. Die Geschichte wird erzählt im 1. Buch Mose, Kapitel 2 und 3. Obwohl das erste Kapitel dieses Buchs die Schöpfung der Menschen festhält – geschaffen im Bild Gottes, als Mann und Frau – gelangen wir nun von einer poetischen und theologischen Sprache zu einer Erzählung.

Es beginnt gleich mit einem dramatischen Höhepunkt: Gott nimmt eine Hand voll Erde, die er geschaffen hat, und formt daraus einen Menschen. Dann „bläst er ihm den Lebensatem in die Nase". Nachdem die erste Person da ist, gestaltet er nun den Schauplatz. Er legt einen Garten an „im Osten, in der Landschaft Eden" und setzt den Menschen hinein. Der Garten bietet viele Freuden: Bäume, „die prachtvoll aussehen und köstliche Früchte tragen", ein Fluss, der den Boden bewässert, es gibt dort „reines Gold, wertvolles Harz und den Edelstein Karneol". Gott gibt dem Menschen auch eine erfüllende Arbeit. Er soll „den Garten bearbeiten und schützen" und seine Freuden genießen. Zur Gesellschaft gibt er ihm die Tiere und Vögel.

Dennoch fehlt dem Menschen etwas: Gemeinschaft mit Menschen. Gott sagt: „Es ist nicht gut, dass der Mensch allein lebt." So erschafft er die Frau, gebildet aus der Rippe des Mannes. Der Mann ruft erfreut aus: „Bein von meinem Bein und Fleisch von meinem Fleisch" (LÜ). Nun war sicher alles in bester Ordnung im Garten der Freuden, oder? Was könnten die ersten beiden Menschen noch mehr wollen? Sonne, sinnliche Freuden, üppige Nahrung, unsagbare Schätze und nun auch lustvoller, unschuldiger Sex. Allerdings gab es eine Frage, die sie offensichtlich verwirrte. Wieso hatte Gott ihnen verboten, die Früchte des Baumes mitten im Garten zu essen? Wieso diese willkürliche Regel? Schon früh entdecken wir in der Bibel jene menschliche Natur, die wir alle kennen: Etwas in uns ist neugierig, streitlustig, eigensinnig und herrschsüchtig. Der elende Baum mitten in Eden nervte sie, und in der weiteren Geschichte lieferte dieser Gedanke dem Werk eines sehr üblen Versuchers den nötigen Zündstoff.

Versuchung – und Fall

Dieser Versucher wird gewöhnlich „die Schlange" genannt, wenngleich das hebräische Wort auch jedes andere Tier meinen könnte. Sie beginnt, bei der Frau Zweifel zu säen. Sie schlängelt sich heran und fragt: „Hat Gott wirklich gesagt, dass ihr von keinem Baum die Früchte essen dürft?" Das stimmte zwar gar nicht, aber es reichte, um die Aufmerksamkeit der Frau auf den einen Baum zu lenken, von dem sie nicht essen durften. Nun ging die Schlange zum direkten Angriff über: „Unsinn! Ihr werdet nicht sterben. Aber Gott weiß: Wenn ihr davon esst, werden eure Augen geöffnet – ihr werdet sein wie Gott und wissen, was Gut und Böse ist" (1. Mose 3,4.5). Die Frau sieht sich die Frucht des Baumes noch einmal an und findet sie noch verlockender: gut zu essen, schön anzusehen und – sie hört es nun – eine Quelle göttlicher Weisheit. Nun gibt es kein Halten mehr. Sie nimmt die Frucht, isst davon und gibt auch ihrem Mann etwas ab. Nichts Alarmierendes geschieht, außer, dass sie zum ersten Mal im Leben bemerken, dass sie nackt sind. Deshalb fertigen sie sich Lendenschurze aus Feigenblättern.

Als es abends kühl wurde, erschien Gott im Garten. Der Mann und die Frau versteckten sich im Gebüsch, doch Gott rief nach ihnen und der Mann wagte es, zu antworten. „Ich hörte dich im Garten und hatte Angst, weil ich nackt bin. Darum habe ich mich versteckt." Gottes Antwort ist interessant: „Wer hat dir gesagt, dass du nackt bist?" gerade so, als ob hier der Schlüssel läge zu der ganzen Verwirrung – sie hatten ihre

DIE SCHLANGE

Die Geschichte von der „Schlange" im Garten Eden hat zu vielen Mythen und Missverständnissen über Schlangen geführt. Zunächst einmal wird das Geschöpf, das die Worte der Versuchung aussprach, genau genommen lediglich als eines der „Tiere, die Gott, der Herr, gemacht hatte" (1. Mose 3,1) bezeichnet, nicht aber als die Schlange, die wir kennen. Allerdings klingt der Fluch wie die Umwandlung eines Tieres mit Beinen in eines, das auf dem Bauch kriecht (1. Mose 3,14). Jedoch trifft der zweite Teil des Fluchs („du wirst Staub schlucken, solange du lebst"), bezogen auf die Schlange nicht zu, auch wenn das von vielen bis in unsere Tage geglaubt wurde – Schlangen haben einen vielfältigen Speiseplan.

Johannes sah in seiner *Offenbarung* die Vision einer „alten Schlange", die am Ende überwunden wird durch Michael und seine Engel. Er identifiziert sie mit dem „Teufel und Satan, der die ganze Welt verführt" (Offenbarung 12,9; LÜ). Deshalb ist es vielleicht am besten, in der Schlange ein Bild für den Satan zu sehen – das ist das hebräische Wort für den Widersacher, den personifizierten Widerstand gegen Gottes Willen.

Adam und Eva, von Lucas Cranach dem Älteren (1472–1553)

Unschuld verloren. Der Mann suchte einen Sündenbock: „Die Frau, die du mir gegeben hast, reichte mir eine Frucht – deswegen habe ich davon gegessen." Ein cleverer Schachzug: Er versuchte nicht nur, die Schuld auf die Frau abzuwälzen, sondern letztlich auf Gott selbst – „Die Frau, die *du mir gabst.*"

Gott wandte sich nun der Frau zu. „Warum hast du das getan?" Doch auch sie fand einen Sündenbock: „Die Schlange hat mich dazu verführt." Als die Schlange an die Reihe kam, waren keine Sündenböcke mehr übrig, und ihr fiel zu ihrer Verteidigung offensichtlich nichts mehr ein. Den Übeltätern blieb nur noch das Warten auf ihre Verurteilung. Die Schlange wurde dazu verflucht, von nun an auf dem Bauch zu kriechen und den Dreck auf der Erde zu fressen. Es würde eine ewige Feindschaft geben zwischen ihren Nachkommen und denen der Frau. Ein Nachkomme der Frau wird der Schlange den Kopf zertreten, sie allerdings wird ihn vorher in die Ferse beißen.

In der Strafe für die ungehorsame Frau und ihren Mann spiegeln sich Erfahrungen wider, die seither die Menschheit begleiten: Die Frau würde bei der Geburt Schmerzen haben und unter der Vorherrschaft ihres Mannes stehen. Für den Mann würde seine Arbeit in Zukunft eine mühevolle Angelegenheit sein: „Du wirst dir dein Brot mit Schweiß verdienen müssen, bis du stirbst. Dann wirst du zum Erdboden zurückkehren, von dem ich dich genommen habe." Nachdem Gott diese Strafen verhängt hatte, gab er dem Mann und der Frau Felle – eine etwas haltbarere Kleidung als Feigenblätter. Er vertrieb sie aus dem Garten, verbannte sie vom Ort der Freuden in ein unbekanntes Land und ein Leben voll zermürbender Arbeit.

Eine fantastische Geschichte?
Das ist also die Geschichte und man könnte den Eindruck gewinnen, dass auch ein Fantasy-Autor das hätte schreiben können: Manche Elemente der Geschichte muten magisch-mystisch an, es geht um dramatische Lebensschicksale. Die Geschichte hat alles, was uns Menschen schon immer faszinierte. Wir haben es hier aber nicht mit Fantasy oder einem von Grimms Märchen zu tun, sondern mit der Bibel, mit einem Teil der Heiligen Schrift, die auch Grundlage unserer Kultur ist. Worin liegt der Unterschied, der uns aufrüttelt und klarmacht, dass es hier um etwas grundsätzlich anderes geht? Auf den ersten Blick mag man vielleicht über die einfache Erzählung schmunzeln. Aber der zweite Blick kann große Schätze ans Licht bringen. Diese Geschichte bietet die Antworten auf die Frage, die sich jeder denkende Mensch früher oder später stellt: Wo kommt das Böse her? Wo liegt sein Ursprung? Und die Geschichte beantwortet diese Frage nicht philosophisch oder soziologisch, sucht auch keine Erklärung in den Genen oder der Erziehung. In Form einer Geschichte, die selbst Kinder verstehen, wird das Problem

des Bösen grundlegend entfaltet, und die ganze Bibel baut auf diesem Verständnis auf.

Das Risiko der Wahl

Die Geschichte zeigt uns einen Mann und eine Frau in einer Welt ohne das Böse, zeigt eine Welt völliger Unschuld. Allerdings gibt es auch unbeantwortete Fragen: Wenn Gott sie „als sein Ebenbild" erschaffen hatte, dann müssten sie bestimmt auch fähig sein, wie Gott Entscheidungen zu treffen. Entscheidungen, bei denen es um mehr geht als die Menüwahl zum Frühstück oder den Zeitpunkt des nächsten Schäferstündchens. Und der Garten, in den Gott sie hineingesetzt hatte, bot wichtige Entscheidungsmöglichkeiten. Sollte die Frau die Frucht des verbotenen Baumes essen? Wenn ja, würde ihr Mann es auch tun? Jede Entscheidung birgt

EIN GROSSER SCHRITT?

Neil Armstrong, der amerikanische Astronaut, der im Juli 1969 als erster Mensch den Mond betrat, nannte das einen „großen Schritt für die Menschheit". Diese Expedition war nur ein weiteres Beispiel für das Verlangen des Menschen, seine Umwelt zu erkunden – selbst, wenn es enorme Risiken mit sich bringt. Die menschliche Neugier kennt keine Grenzen und scheint blind zu sein für mögliche Gefahren.

Die Geschichte von Adam und Eva im Garten Eden ist vollkommen stimmig zu allem, was wir über unsere menschliche Natur wissen. Die verbotene Frucht war da – warum sollte man sie nicht essen? Natürlich bestand für Adam und Eva ein großes Risiko, schließlich hatte ihr Schöpfer es ihnen verboten. Aber sie nahmen das Risiko in Kauf und trafen ihre Wahl. Wir haben uns bis heute nicht gebessert!

Der Astronaut Neil Armstrong hinterlässt seinen Fußabdruck auf der Mondoberfläche im Mare Tranquillitatis am 20. Juli 1969.

zwangsläufig ein Risiko. Sie sind bereit, das Risiko einzugehen. Und hier zeigt sich bereits menschliche Versuchlichkeit. Wir sind unersättlich neugierig. Deshalb nagt die Frage „Warum?" an uns wie ein schmerzender Zahn. Wir wollen es wissen, auch wenn dadurch die Sicherheit gefährdet ist.

Natürlich: Weil wir Personen, Selbst-bewusste Persönlichkeiten sind, teilen wir Gottes Lust am Erschaffen, Entdecken, auch an Risiken (die Erschaffung des Menschen barg wohl das allergrößte Risiko). Ohne diese Eigenschaften hätte Gott seine Welt einfach mit Robotern bevölkert, die auf Gehorsam programmiert sind. Oder mit Engeln, die gerne Gottes Willen tun. Stattdessen wagte er es, Lebewesen „in seinem Ebenbild" zu schaffen, ausgestattet mit einer moralischen Selbstständigkeit: dem Recht zu wählen, ob sie Gott dienen möchten oder nicht, ob sie nach seinem Willen leben wollen oder nicht, ob sie ihn lieben wollen oder hassen. Wie gesagt, ein Risiko von wahrhaft kosmischer Bedeutung.

Welche Rolle spielt nun die „Schlange", der Versucher? Sie (oder er) wird später in der Bibel identifiziert als „Satan", wörtlich: „der Widersacher". Er (oder sie) ist sozusagen der „Oppositionsführer". Er fasste in Worte, was die Frau und vermutlich auch der Mann bereits dachten: Was für eine dumme, willkürliche Regel – als ob Gott uns nicht trauen würde, vernünftig und erwachsen mit der verbotenen Frucht umzugehen. Es muss schon um Wichtigeres gehen, um solch ein willkürliches Verbot zu rechtfertigen – also worum geht es? Eine verborgene Weisheit oder Erkenntnis? Ein tiefer, unerschlossener Genuss, den nur Gott kennt? In dem Augenblick, als die Menschen anfingen, so zu fragen, wurde das Wagnis unwiderstehlich.

Das Ende der Unschuld

Sie aßen die Frucht und alles wurde anders. Die Unschuld war verloren und die Schuld war in die Welt hineingekommen. Damit aber auch das Gericht, das Gericht Gottes.

Die beiden erwähnten Beispiele sind so elementare Erfahrungen, dass man sie nicht lange erklären muss. Frauen werden ausgenutzt und beherrscht von Männern, dem körperlich stärkeren Geschlecht. Geburten sind verknüpft mit Ängsten und Schmerz. Für Männer wird die Arbeit, die nach Gottes Plan eine kreative Freude sein sollte, zu einer harten, ermüdenden, ertraglosen und unbefriedigenden Angelegenheit. Als Pastor habe ich die Erfahrung gemacht, dass die meisten Frauen, die mit einem großen Problem zu mir kommen, über einen Mann (oder Männer) reden möchten; und Männer, die über ihre Sorgen sprechen wollen, beginnen mit der Arbeit. Der Autor dieser Geschichte kannte das Leben! Wenn wir annehmen – und die meisten Christen glauben das – dass diese Geschichte auf welche Weise auch immer von Gott inspiriert ist, dann ist ja auch nichts anderes zu erwarten.

Diesen geistlichen Tiefblick finden wir nicht nur bei dem Fluch, der auf den Mann und die Frau gelegt wurde, sondern in der ganzen Geschichte. Zwei Haltungen erscheinen mir wenig hilfreich, wenn wir den Text lesen. Die eine ist der Versuch, jedes Detail dieser Geschichte als wörtliche, historische Tatsache zu verteidigen. Dann reduzieren wir alles auf den äußeren Bericht und schlagen uns mit seinen vermeintlichen Schwierigkeiten herum und übersehen, was er uns eigentlich erzählen will. Das andere Missverständnis wäre, den Text einfach als ein harmloses Geschichtlein zu behandeln, über das wir schmunzeln und das wir auf der Ebene betrachten, wie wir sie in der Darstellung in den Bilderbüchern unserer Kinder oft finden.

Wir haben es wahrhaftig mit einer Tragödie zu tun. Und es ist auch unsere Geschichte, die Geschichte der Menschheit, die in ihrer gewaltigen Torheit vor uns liegt. Die Sünde des Mannes und der Frau – die Namen „Adam" und „Eva" tauchen erst bei der Ausweisung aus dem Garten auf – ist immer noch das grundsätzliche Problem der Menschheit, nämlich die Überzeugung, wir wüssten es besser als unser Schöpfer. Der „verbotene Apfel" war nicht die Sexualität, sondern der Stolz. Die Frau wurde mit der einfachen Frage verführt: „Hat Gott wirklich gesagt …?" Lass diese Frage Wurzeln schlagen, und sie wird sehr bald übermächtig wuchern. Wir können es nur sehr, sehr schwer akzeptieren, dass der Schöpfer am besten weiß, was gut für uns ist. Der Zweifel daran ist der Wurm im Apfel, der heimtückische Gedanke, der uns möglicherweise dazu verleitet, unserer eigenen Vorliebe zu folgen, ganz gleich, was wir wissen oder für den Willen Gottes halten.

Und während ich noch versuche, diese geistliche Wahrheit in die richtigen Worte zu fassen, sehe ich, wie die Geschichte diese Aufgabe viel besser löst.

Brote und Fisch

Von einer Geschichte aus prähistorischer Zeit kommen wir nun zu einer, deren Zeit und Ort wir kennen. Sie beschreibt zweifelsfrei ein

Ereignis, das tatsächlich geschah. Das Neue Testament erzählt sie vier Mal, ein Mal in jedem Evangelium (Matthäus 14,13-21; Markus 6,31-44; Lukas 9,10-17; Johannes 6,1-13), jedes Mal in Form einer Geschichte. So sollten wir sie auch lesen.

Das Ereignis ist schnell erzählt, auch wenn jeder Evangelist seine eigenen kleinen Details hinzufügt. Während Jesus unterwegs war, war ihm eine Menschenmenge gefolgt. Sie waren schließlich in großer Zahl an einen einsamen Ort auf dem Land gekommen, weit entfernt von Häusern und Geschäften, und Jesus lehrte sie seine Botschaft. Seine Jünger machen ihn darauf aufmerksam, dass es bald Abend wird und die Menschen hungrig werden. Sie können nicht mit leerem Magen auf den Weg nach Hause geschickt werden. Jesus sagt ihnen, dass sie selbst die Menge versorgen sollen – eine hoffnungslose Aufgabe für sie angesichts einer solch großen Menge und ohne Vorräte. Die Evangelien behaupten, dass 5000 Menschen beisammen waren. Das Evangelium des Johannes erwähnt einen Jungen, der sein eigenes Abendessen anbot: Fünf Fladenbrote und zwei kleine Fische. Die anderen erzählen nur von der Verwirrung der Jünger ange-

Dieses schöne Mosaik aus dem fünften Jahrhundert zeigt Brote und Fische. Es befindet sich in der Brotvermehrungskirche in Tabgha am See Genezareth – der Überlieferung nach der Ort, an dem das Wunder der „Speisung der Fünftausend" stattfand.

sichts der großen Herausforderung. Sie teilten Jesus mit, dass selbst der Lohn von 200 Arbeitstagen nicht ausreichen würde, um genügend Brot für eine solche Menge zu kaufen.

In dieser Situation nahm Jesus, was sie hatten: fünf kleine Brote und zwei Fische. Er dankte Gott, brach sie und gab sie den Jüngern, um sie an die Leute auszuteilen. Dann vermerken alle Evangelien mit identischen Worten schlicht: „Alle aßen sich satt" (Matthäus 14,20). Anschließend wurden die Jünger losgeschickt, um die Reste aufzusammeln; es wurden zwölf Körbe voll – weit mehr, als zu Beginn vorhanden war.

Aufkommende Zweifel

„Die Speisung der Fünftausend" ist eine sehr bekannte Wundergeschichte des Neuen Testaments, doch in vielen modernen Köpfen regen sich Zweifel. Wie geschah das Wunder? Wurden Brote und Fische wundersam vermehrt, als Jesus sie segnete? Oder füllten sich Brote und Fische von alleine auf, während die Jünger sie austeilten? Oder war es ein Massen-Wahn, hervorgerufen durch Hunger und stechende Sonne? Oder war es – ein denkwürdiger Vorschlag – lediglich ein gemeinschaftliches Sandwich-Sharing: Als der Junge sein Essen zum Verteilen anbot, beschämte das die anderen und sie machten es ihm nach.

Ich denke, die letzten beiden Vorschläge scheiden aus. Wenn es eine Massen-Täuschung war, dann aber wohl im ganz großen Stil. Was den Sandwich-Vorschlag betrifft, so müssen wir berücksichtigen, dass dieses Wunder als einziges in allen vier Evangelien erwähnt wird. Es wurde von allen Autoren für so wichtig gehalten, dass es unbedingt in den Bericht über Jesus aufgenommen werden musste. Hätten die Evangelisten einer sozialen Übung des Sandwich-Sharings ernsthaft so eine Bedeutung beigemessen?

Eine bessere Erklärung ist sicher, dass wir es hier mit etwas so Außergewöhnlichem, so Erwähnenswertem und Bedeutsamen zu tun haben, dass ein Leben Jesu ohne dieses Wunder unvollständig wäre.

Nicht *wie*, sondern *warum*

Es ist darum die logischste Erklärung, anzunehmen, dass tatsächlich eine Menschenmenge auf dem Land am Ende eines Tages gesättigt wurde; auf eine wunderbare Weise, die die Autoren nicht erklären können und auch nicht wollen. Sie bieten eine Erklärung, klären aber nicht das „Wie?", sondern das „Warum?" – Warum nahm Jesus Fische und

Brote, segnete sie, brach das Brot, gab es seinen Jüngern und forderte sie auf, es unter die Leute aufzuteilen? Und wieso schließt jeder Autor mit genau denselben Worten: „Alle aßen sich satt"? Und wieso wird am Ende die Einzelheit mit den gesammelten Brocken und den Körben erwähnt?

Das Evangelium von Johannes weist auf Antworten zu diesen Fragen hin. Bei ihm schließt sich an die Geschichte ein Gespräch Jesu mit seinen Jüngern und anderen Teilnehmern an. Jesus stellt hier ausdrücklich die Verbindung her zu Mose und der vierzigjährigen Wanderung der Israeliten in das verheißene Land. Mose versorgte das Volk mit „Manna", dem seltsamen „Brot vom Himmel". Nun ist es Jesus, der Israel, und zwar Gottes „neues" Israel, also seine Jünger, mit „himmlischer" Nahrung speist – und er würde noch mehr als das tun. Wenn sie an ihn glauben, würden sie ewiges Leben haben, denn Jesus ist das „Brot des Lebens".

Das Abendmahl

Johannes liefert sozusagen die theologische Erklärung. Doch auch ohne diese Hilfe des Johannes hätten die Christen der ersten Jahrhunderte sicher ihre Schlüsse gezogen. Die Beschreibung der Handlung Jesu in den Evangelien glich nämlich exakt dem, was sie Woche für Woche sahen, wenn sie sich zum Brotbrechen, zum Abendmahl, versammelten. Man beachte den gleichen Tonfall in allen Evangelien: Jesus nahm das Brot, segnete es, brach es, gab es seinen Jüngern und forderte sie auf, es an die Menschen zu verteilen. Und wenn sie das taten, waren alle „satt". Sie werden, wie wir, sich nicht haben vorstellen können, wie das Wunder genau abgelaufen ist, doch die Bedeutung der Geschichte war völlig klar.

In dieser außergewöhnlichen Geschichte, die auf einer Begebenheit beruht, die von vielen Leuten bezeugt wurde, liefern uns die Autoren der Evangelien eine sehr wesentliche Botschaft. Man kann vielleicht über die Fakten streiten (obwohl die Evangelisten behaupten, dass sie eine wahre Begebenheit wiedergeben), aber über die Geschichte kann man es nicht. Sie spricht zu jedem, der sie hört oder liest. Sie spricht davon, dass wir alle Hunger kennen, und davon, dass all unser Hunger in Jesus gestillt werden kann.

Auf dem Wasser gehen

Wir wollen noch eine andere Wundergeschichte aus dem Neuen Testament betrachten, die sich bei Matthäus, Markus und Johannes direkt anschließt (Matthäus 14,22-33; Markus 6,45-56; Johannes 6,15-21). Auch sie ist recht bekannt, vor allem, weil Jesus hier „auf dem Wasser geht". Der Schauplatz, der See Genezareth, wurde nach der Provinz Galiläa, die ihn umgab, auch *Galiläisches Meer* genannt, und die Menschen lebten hier vor allem vom Fischfang. Vier der Jünger Jesu waren selbst Fischer gewesen.

Jesus schickte eines Abends seine Jünger mit dem Boot über den See, während er an einem Berghang zurückblieb, um zu beten. Im Laufe des Abends kam starker Wind auf – ein bekanntes Phänomen in Galiläa mit seinen engen Tälern im Norden und Süden. Der Sturm wurde so stark, dass die Jünger kaum mehr dagegen ankämpfen konnten. Es gelang ihnen geradeso, das Boot vor dem Kentern zu bewahren. In den frühen Morgenstunden – so sagen die Evangelien – kommt Jesus auf dem Wasser zu ihnen gelaufen. Als sie das sahen, bekamen sie schreckliche Angst und schrien: „Es ist ein Geist!" Jesus sprach sie an und sagte: „Habt keine Angst! Ich bin es doch, fürchtet euch nicht!"

Petrus und die Wellen

Matthäus fügt hier eine faszinierende Nebenhandlung ein: Petrus, der immer die Herausforderung suchte, sagte dem vermeintlichen Gespenst, das auf dem Wasser ging: „Herr, wenn du es wirklich bist, lass mich auf dem Wasser zu dir kommen!" Jesus sagte: „Komm her", und Petrus verließ das Boot und begann, auf dem Wasser zu ihm zu gehen. Aber „als Petrus die hohen Wellen sah erschrak er" und begann zu sinken. Er schrie Jesus um Hilfe an. Jesus streckte seine Hand aus, ergriff ihn und fragte, wieso er „so wenig Glauben" habe. Beide Evangelien berichten, dass der Wind sich legte, als sie in das Boot stiegen. Die Jünger im Boot „fielen vor Jesus nieder" und sagten: „Du bist wirklich der Sohn Gottes!"

Wie oder Warum?

So weit die Geschichte, die selbst für Landratten dramatisch klingt und erst recht atemberaubend für eine Gruppe Männer, die fast alle am See aufgewachsen waren und gelernt hatten, seine Launen und seine Wildheit zu respektieren. Das Ereignis war auch für die Menschen damals unglaublich – das macht ihre Reaktion deutlich: Dann muss Jesus Gottes Sohn sein! Auch der moderne Leser wird vermutlich zunächst mindestens mit einer Art höflicher Ungläubigkeit reagieren. Wir werden fragen, wie das geschehen konnte. Wie konnte Jesus die Gesetze der Physik außer Kraft setzen und auf der Wasseroberfläche laufen? Für die ersten Hörer lag der Gedanke noch nahe, dass Gott die Naturgesetze, die sie genauso kannten wie wir, durchbrechen konnte – dann allerdings mussten sie es auch mit Gott zu tun haben. Sie waren aber brennend an einer anderen, wichtigeren Frage interessiert: „Wieso wird die Geschichte erzählt? Was bedeutet sie?"

Mit genau dieser Reaktion beschäftigen sich die Schreiber der Evangelien. Einige Hintergrundinformationen sind vielleicht wichtig, wenn wir die Geschichte mit den Ohren und Augen des ersten Jahrhunderts hören oder lesen wollen. Damals hassten die Juden das Meer. Es hielt für sie viele unbekannte Schrecken bereit. Im Buch der Offenbarung beschreibt eine Vision den Himmel – für uns überraschend? – so: „Das Meer wird nicht mehr sein." Dieser hässliche, bedrohliche Hexenkessel voller Geheimnisse wird für immer verschwunden sein; das Unbezähmbare wird zahm sein.

Der namenlose Schrecken im Leben

Das Meer (in diesem Fall der See) stand stellvertretend für die unbekannten Schrecken im Leben, für die Ereignisse, die Furcht wecken und tiefe Angst schüren. Die Jünger Jesu fürchteten sich draußen auf dem See in der Dunkelheit der Nachtstunden; sie kamen nicht voran mit ihrem kleinen, flachen Boot, das von Wind und Wellen herumgeschleudert wurde. Das Meer schien sie in der Gewalt zu haben, bis das Wunder geschah und Jesus „auf dem Wasser" zu ihnen kam. Er lief mitten durch den Gegenstand ihrer Furcht und zeigte damit, dass der ihn nicht schrecken konnte; er ist der Herr und Meister und beherrscht die Gewalten, denen sie schutzlos ausgeliefert sind.

Dann sind da noch die Worte, die Jesus sprach: „Habt keine Angst! Ich bin es." Wörtlich lautet der letzte Ausdruck: „Ich bin" – *ego eimi*. Sie hörten den Namen, mit dem sich Gott im Alten Testament den Menschen vorstellt, *Jahwe,* ICH BIN, von seinen Lippen. Wie konnten sie sich da fürchten? Ihr Gott, niemand anderes, kam zu ihnen in ihrer Not. Der Sturm ließ nach. Und wir könnten fragen, *welcher* Sturm – derjenige, der die Wellen aufpeitschte, oder derjenige, der ihre Herzen aufgewühlt hatte? Oder beide?

DER SEE GENEZARETH

Der See Genezareth (auch Galiläisches Meer genannt) ist ein See im Nordosten Israels, der in biblischer Zeit der umliegenden Region ihren Namen gab. Der Jordan, der von den Bergen im Norden herkommend den See speist, verlässt ihn im Süden, um ins Tote Meer zu fließen. Der See ist 23 km lang und etwa 8 km breit. Hier wurde wertvoller Süßwasserfisch, z. B. der Tilapia, auch *Petrusfisch* genannt, gefangen.

Aufgrund der Täler am nördlichen und südlichen Ende ist der See sehr anfällig für plötzliche Stürme, die durch den „Windkanal-Effekt" verursacht werden. Zur Zeit der Bibel verwendete man hölzerne Schiffe mit einem flachen Rumpf; eines wurde vor wenigen Jahren im See ausgegraben und restauriert. Diese Boote konnten es nicht mit starken Winden oder hohen Wellen aufnehmen, waren aber für das Fischen mit dem Netz sehr gut geeignet.

Die Geschichte des Petrus ist deshalb interessant, weil Markus sie *nicht* einfügt, obwohl es allgemein anerkannt ist, dass Petrus eine seiner „Quellen" war. Vielleicht wollte Petrus ja nur nicht als Angeber erscheinen (letztlich wagte er es, während die anderen im Boot kauerten). Oder er schämte sich, weil er erst an der Identität Jesu gezweifelt hatte und dann den Glauben verlor im Anblick von Wind und Wellen.

SCHLAFEND IM HECK

Matthäus, Markus und Lukas berichten noch von einer anderen, sehr ähnlichen Begebenheit, bei der es auch um einen Sturm auf dem See Genezareth geht (Matthäus 8,23-27; Markus 4,35-41; Lukas 8,22-25). Hier ist Jesus mit den Jüngern im Boot. Weil ihm der Sturm keine Angst macht, schläft er im Heck. In dieser Geschichte ist Jesus *bei* seinen Nachfolgern in ihrer Not und Angst, während er in der Geschichte, die wir betrachtet haben, nicht dabei ist und aus der Entfernung für die Jünger betet – eine Situation, die nach seiner Rückkehr zum Vater zur Norm wird. Beide Begebenheiten sind ganz ähnlich, durch ein paar andere Details vermittelt aber jede ihre ganz eigene Botschaft. Die Erzählungen in der Bibel wollen nicht einfach nur Ereignisse wiedergeben und uns ein „Wie interessant!" entlocken. Sie wollen nicht nur die nackten Tatsachen berichten, sondern eine Wahrheit, die darüber hinausgeht. Damit ist nicht gesagt, dass dahinter keine tatsächlichen Ereignisse stehen, sondern dass sie noch mehr sind.

Ich möchte Sie einladen, sich auf die Botschaften dieser Geschichten einzulassen, auch wenn Sie noch nicht entschieden haben, ob wir es mit Tatsachenberichten zu tun haben oder nicht (diese Frage ist letztlich eine Frage, ob wir es für möglich halten, dass Gott seine eigenen Naturgesetze durchbrechen kann oder nicht – eine Entscheidung, die aufgrund von Glaubensüberzeugungen zu treffen ist). Versetzen Sie sich in Gedanken in einen kleinen, heißen Raum in Ephesus oder Korinth oder Rom und lassen Sie sich dort die Geschichte zum ersten Mal erzählen. Wenn wir das tun, bekommt unsere Fantasie Flügel, wir erfassen die Faszination und den Schauer der Geschichte und identifizieren uns, soweit wir können, mit den Personen, die darin vorkommen. Darin liegt das zarte Wunder einer Geschichte und ihre zeitlose Kraft, Wahrheit zu vermitteln. Und deshalb, davon bin ich überzeugt, wird uns in der Bibel so vieles in Form von Geschichten erzählt.

4
DIE BIBEL UND ETHIK

„Geh raus und sieh nach, was Johnny gerade anstellt. Wenn es ihm Spaß macht, sage ihm, dass er aufhören soll!" Dieses Bild haben viele Leute von frommen Gläubigen: spaßbremsende Puritaner mit ernstem Blick und schwarzen Bibeln unter den Armen. In letzter Zeit ist in den Medien verstärkt von einer neuen „religiösen Rechten" die Rede, die vornehmlich gegen Abtreibung und Homosexualität protestiert und den Irakkrieg befürwortet. Und manch einer ist geneigt, Christen oder wenigstens die Evangelikalen pauschal damit zu identifizieren. Diese Eindrücke werden oft noch verstärkt durch Figuren in Fernsehserien oder Cartoons. Meistens werden die Christen dargestellt als engstirnige Musterknaben oder fröhliche Heuchler. Denken Sie nur an Ned Flanders, den nervigen Nachbar bei den *Simpsons*. Einige Karikaturen mögen natürlich einen wahren Kern beinhalten, aber jeder, der die Christenheit auch nur flüchtig kennt, wird wissen, dass das auf keinen Fall die ganze Wahrheit ist. So ist es auch einfach nicht wahr, dass die meisten Christen religiöse Fundamentalisten sind, die nur gegen moralischen Verfall protestieren. Viele Christen engagieren sich gegen den Krieg, setzen sich für die Unterstützung der armen Länder ein. Viele soziale Errungenschaften haben wir der Initiative von Christen zu verdanken. Doch das ändert nicht die tief sitzenden Vorurteile gegen Christen und deren Moral.

SEITENWEISE VERBOTE?

Solche Vorstellungen färben auch darauf ab, wie Menschen mit der Bibel selbst umgehen. So wird vermutet, der kostbare Einband berge Seiten um Seiten Verbote, unterstützt durch grausame Strafandrohungen.

Allerdings ist es nicht ganz so. Es stimmt natürlich, dass wir im Gesetz des Mose, einem zentralen Element der jüdischen Tradition, Gebote und Verbote finden und zum Teil drastische Strafandrohungen.

Und dann gibt es die so genannte „Weisheitsliteratur" – zum Beispiel die Bücher *Sprüche* und *Prediger*. Hier finden wir ganz praktische und bodenständige Lebensweisheit, die uns helfen will, richtig zu leben, aber nur wenige Verbote. Auch zu den Berichten von Jesus gehören einige Abschnitte mit direkten moralischen oder ethischen Anweisungen, zum Beispiel die berühmte „Bergpredigt". Das sind nun allerdings beileibe keine Spaß tötenden Hetzreden, sondern tief schürfende Gedanken über ein gutes Leben. Sie zeigen eine Ausgewogenheit zwischen Gerechtigkeit und Barmherzigkeit und zwischen der Forderung eines verantwortlichen Lebensstils und der Warnung, andere zu richten. Ganz ähnlich finden wir auch bei dem Apostel Paulus in seinen Briefen an die wachsenden Gemeinden des ersten Jahrhunderts die Behandlung ethischer Fragen, wobei Paulus grundsätzlich die ethischen Anweisungen in den Zusammenhang der christlichen Botschaft von Vergebung und Gnade stellt. Gleiches gilt für die Briefe der Apostel Jakobus und Petrus.

Aufs Ganze gesehen ist es einfach unwahr zu behaupten, die Bibel wäre grundsätzlich ein Buch der Verbote, auch wenn sie sich stets mit der Entwicklung dessen beschäftigt, was wir einen „gottgefälligen Charakter" nennen könnten – ein Leben, in dem sich das entfaltet, was Gott für uns vorgesehen hat. Für jeden, der darüber nachdenkt, was ein „gutes Leben" ist und wie man „richtig" lebt – was wir wahrscheinlich alle einmal tun – ist die Bibel eine grandiose Schatzkammer.

Ethische Entscheidungen treffen

Die Bibel nutzt alle drei Wege, die Menschen gewöhnlich gehen, um zu moralischen Entscheidungen zu kommen: Wir machen, was man uns gesagt hat und halten uns an vorgegebene Regeln. Oder wir denken über die möglichen Folgen unserer Entscheidung nach. Oder wir fragen uns, wie eine gute und ehrliche Person in unserer Lage entscheiden würde. Vereinfacht ausgedrückt teilen uns die Gesetze in der Bibel die Regeln mit. Die Geschichten und Gleichnisse verdeutlichen die Konsequenzen unserer Taten. Die Weisheitslehrer zeigen uns, wie das „richtige Leben" aussieht, wie man „reinen Herzens" sein kann, barmherzig und friedliebend. Der entscheidende Faktor in der Bibel, sozusagen der „Mehrwert", ist, dass wir es mit einem Gott zu tun haben, der selbst heilig, gerecht, barmherzig und gut ist. Und Christen glauben zudem noch, dass der Heilige Geist in ihnen wirkt und ihnen die Kraft zum Tun des Richtigen gibt.

Nun gibt es eine Seite an den ethischen Anweisungen in der Bibel,

Die Bergpredigt von Fra Angelico (ca. 1395–1455),
aus einer Mönchszelle im Kloster San Marco in Florenz

DIE ZEHN GEBOTE

Die Zehn Gebote (der „Dekalog") sind der Kern des „Gesetzes des Mose", das Israel am Berg Sinai von Gott erhielt.

Mose empfing sie auf zwei Steintafeln, entsprechend lassen sie sich in zwei Abschnitte teilen. Die ersten drei Gebote betreffen unsere Beziehung zu Gott, die letzten sechs unsere Beziehungen untereinander. Dazwischen steht, gleichsam als Übergang, ein Gebot über die Einhaltung des Sabbat am siebten Tag der Woche – ein Tag, an dem keinerlei Arbeit verrichtet werden sollte, auch nicht von Sklaven, Fremden oder dem Vieh.

Die erste Gruppe der Gesetze befiehlt, allein Gott anzubeten, verbietet jede Form von Götzendienst und mahnt den ehrfürchtigen Umgang mit dem heiligen Namen an.

Die letzte Gruppe verbietet Mord, Diebstahl, Lüge, Untreue in der Ehe und spricht zwei soziale Probleme an: mangelnden Respekt vor den eigenen Eltern und Neid im Blick auf den Besitz anderer.

die uns fremd erscheint und die leicht missverstanden werden kann – gewöhnlich von jenen, die den historischen oder kulturellen Kontext ignorieren oder die quer durch die Bibel springen auf der Suche nach einfachen Antworten auf komplexe Fragen: Natürlich ist es wahr, dass im Alten Testament Vergehen mit fürchterlichen Strafen belegt werden, die wir heute in der westlichen Welt als relativ belanglos einordnen würden, wie etwa das Anzünden eines Feuers am Sabbat, der ein heiliger Ruhetag sein sollte (2. Mose 35,1-3). Tatsächlich sind einzelne Gesetze so streng wie die Sharia, die ja heute noch in einigen islamischen Staaten wörtlich angewendet wird – so soll etwa Ehebruch mit dem Tod bestraft werden und anderes mehr.

Betrachtet man solche Aussagen ohne den geschichtlichen Zusammenhang und als allgemein gültigen und ewigen Ausdruck der göttlichen Gerechtigkeit, könnte man als Leser zu dem Ergebnis kommen, die Bibel oder gar Gott selbst wäre barbarisch. Nun müssen wir hierbei berücksichtigen, dass diese Gesetze einem antiken Volk des Alten Vorderen Orients gegeben sind. Sie sind die Gesetze des Volkes Israel und zunächst nur diesem Volk gegeben. Und dieses Volk sollte seine Identität als Gottes Volk im Kontext der fremden Kulturen und Religionen finden. Vor diesem Hintergrund will das Gesetz zeigen, wie ein heiliges Volk vor Gott leben soll. Es ist daher nicht verwunderlich, dass manches für uns nur schwer verständlich ist und manche Strafe unangemessen erscheint. Daneben finden wir aber auch Gebote, die dem Schutz der Frauen vor Vergewaltigung oder Verleumdung dienen (5. Mose 22,13-29) oder die das Recht zur Vergeltung zwar einräumen, aber – Auge um Auge – maximal bis zur Höhe des zugefügten Schadens (2. Mose 21,24), um ausufernder Blutrache einen Riegel vorzuschieben. Daneben gibt es soziale Gesetze, die vor Armut schützen sollten – so wird zum Beispiel das Existenzminimum vor Pfändung geschützt (5. Mose 24,10-15).

Wir verstehen diese Texte nur richtig, wenn wir sie vor dem Hintergrund der Rechsprechung des Alten Vorderen Orients betrachten – die wir aus vielen anderen antiken Gesetzestexten kennen. Dann fällt auf, wie weise diese Gesetze das Leben regeln und dass sie auf einer besonderen Grundlage stehen: der erwählenden Liebe Gottes, der das will, was für die Menschen gut ist. Man darf daher einzelne Gebote nicht isoliert betrachten und aus diesem Zusammenhang herausreißen.

In anderen Schriften des Alten Testaments, besonders den Psalmen und den späteren Propheten, finden wir viele Beispiele der Güte und Freundlichkeit Gottes. Hier bekommen wir Einsichten, die in den moralischen Lehren Jesu in den Evangelien gipfeln.

Gibt es eine „biblische Moral"?

Gibt es also überhaupt etwas, das man als eine einheitliche und verbindliche „biblische Moral" bezeichnen könnte? Einerseits muss man sagen: Nein. Im Fortgang der biblischen Geschichten erweitert und entfaltet sich ja das Verständnis des Willens Gottes. Das Gesetz des Mose ist eben nicht uns gegeben, sondern dem alttestamentlichen Volk Israel. Wir bezeichnen das als „fortschreitende Offenbarung" und als Heilsgeschichte. Gott schreibt seine Geschichte mit den Menschen, die Offenbarung Gottes schreitet voran, Gott stellt sich als Schöpfergott, als Gott Abrahams und dann als Vater Jesu Christi vor.

Andererseits können wir auch sagen: Ja. Von Anfang an entdecken wir nämlich in der Bibel allgemeingültige Grundsätze, die wir als „die Ethik" der Bibel bezeichnen können.

Der erste und wichtigste Grundsatz ist das Konzept von Schöpfer

BLINDE GERECHTIGKEIT?

Die Justitia, die römische Göttin des Rechts, hat verbundene Augen, sie ist also unparteiisch und wägt in ihrer Waagschale die Beweise und Argumente ab. Im Alten Testament gründet sich das Recht auf Gott als Geber des Gesetzes. Eng damit verbunden ist einer seiner Wesenszüge, die Gerechtigkeit: „Sollte der Richter aller Welt nicht gerecht richten?" (1. Mose 18,25; LÜ)

und Geschöpf. Gott erschuf uns nach seinem „Bild", ausgestattet mit vielen seiner Eigenschaften: Kreativität, Selbstbewusstsein, Entscheidungsfreiheit, Liebe. Wenn *alle* Menschen nach diesem Bild geschaffen sind, haben sie *alle* einen unendlichen Wert und sollten mit Respekt behandelt werden. Selbst an den uns blutrünstig erscheinenden Stellen schätzt die Bibel das menschliche Leben wert: „Wer Menschenblut vergießt, dessen Blut soll auch durch Menschen vergossen werden" (1. Mose 9,6). Eines der Zehn Gebote sagt ganz einfach: „Du sollst nicht töten." Ein anderes verbietet die „Begehrlichkeit", den Griff nach dem Eigentum anderer Menschen. Da die ganze Welt Gottes Schöpfung ist, sollen wir uns als die Verwalter ihrer Reichtümer begreifen, nicht als die Eigentümer.

Gott weiß es am besten

Aber die Tatsache, dass wir Geschöpfe Gottes sind, bedeutet noch mehr: Wir sind immer in gewisser Weise abhängig von Gott. Dieser Grundsatz liegt vielen ethischen Aussagen der Bibel zu Grunde. Salopp könnte man sagen: Gott weiß es besser. Es war die Missachtung dieses Grundsatzes, der zum Aufstand im Garten Eden führte. Das Unglück kommt schnell, wenn wir uns für schlauer halten als unseren Schöpfer.

Ein anderer Grundsatz biblischer Ethik ist die Gerechtigkeit: „Sollte der Richter aller Welt nicht gerecht richten?" (1. Mose 18,25; LÜ). Diese rhetorische Frage richtete Abraham an Gott im Zusammenhang der elenden Geschichte von Sodom und Gomorra. Er bat Gott darum, nicht die ganze Bevölkerung dieser Städte zu vernichten, sondern die „Gerechten" zu verschonen. Dabei appellierte er wortgewandt an Gottes Gerechtigkeit, nicht an seine Gnade. Die Bibel geht davon aus, dass Gott gemäß seiner Natur gerecht handeln wird.

DAS PRINZIP DER BARMHERZIGKEIT

Ein weiterer Grundsatz biblischer Ethik ist Gottes Barmherzigkeit. Sie ist ein wichtiges Thema in den Psalmen: Obwohl wir Strafe verdient hätten, erfahren wir von Gott Barmherzigkeit, und sie ist ein Geschenk; wir können sie uns nicht verdienen. Obwohl uns in den frühen Büchern der Bibel eher der gerechte, strenge und Ehrfurcht gebietende Gott begegnet, finden wir auch dort immer wieder Hinweise auf die „andere Seite" seiner Natur. Er erbarmt sich über Kain, den ersten Mörder, indem er sein Leben schont und ihn „kennzeichnet", damit ihn die Menschen, denen er begegnet, nicht kurzerhand umbringen (1. Mose 4,15). Er erbarmt sich immer wieder über die störrischen und nörgelnden Israeliten während der langen Wüstenwanderung (z. B. 2. Mose 16,11.12). Gottes Barmherzigkeit und Liebe verschmelzen in dem hebräischen Wort *hesedh*, das man vielleicht am Besten mit „liebevolle Güte" wiedergeben kann. Wie streng Gott auch sein mag, wie anspruchsvoll sein Maßstab und wie kompromisslos seine moralische Reinheit auch sind, er ist ein Gott der liebvollen Güte. Gottes Barmherzigkeit erreicht in den Worten und Taten Jesu und in seinem Tod am Kreuz ihren Höhepunkt.

Menschliche Verantwortung

Das vielleicht grundlegendste Prinzip im Zusammenhang der Ethik in der Bibel ist das der menschlichen Verantwortung. Es liegt in unserer Natur als Personen, dass wir in besonderer Weise verantwortlich sind für unsere Taten. Der Gott der Bibel ehrt die Menschen dadurch, dass er sie für verantwortungsfähig hält im Blick auf ihre Taten. Wir sind fähig, Entscheidungen zu treffen – und tragen unweigerlich die Verantwortung für deren Konsequenzen und werden von Gott für unser Handeln zur Rechenschaft gezogen.

Ich denke, dass gerade dieser Aspekt der biblischen Ethik uns modernen, westlich geprägten Menschen am meisten Schwierigkeiten bereitet: Wir möchten zwar entscheiden dürfen, aber wir wollen nicht die volle Verantwortung dafür übernehmen.

In ganz vielen Situationen wird das immer wieder deutlich. Wir wollen unabhängig sein, aber wenn es schiefläuft, muss doch irgendjemand dafür zuständig sein, uns zu retten. Wir fordern das Recht, unseren Gefühlen und Fantasien nachzugeben, wollen aber nicht hinnehmen, dass unser Verhalten manchmal unangenehme Auswirkungen hat. Der Gedanke, dass wir ernten, was wir säen, ist nicht sehr beliebt. Und trotzdem ist es ein Grundsatz, der zur Schöpfung einfach dazugehört.

Wären wir nicht für unser Handeln verantwortlich, dann wären wir Automaten, gesteuert von Urinstinkten oder zufälligen Reflexen. Oder wir wären ethisch neutral, ohne Erkenntnis oder Vorliebe für „gut" oder „schlecht", für „gerecht" oder „ungerecht". Solche Ansichten zeigen sich in Rechtfertigungen wie „Ich weiß nicht, was über mich kam, aber ich stach auf sie ein." Oder „Ich brauchte Geld für Drogen, und als ich die alte Dame mit der Handtasche sah, habe ich zugegriffen." Die eine Ausrede beruft sich auf den Instinkt, die zweite auf eine „Notlage". Keine von beiden ist objektiv zu rechtfertigen nach den Grundsätzen von Gerechtigkeit oder richtigem Verhalten.

Verantwortung ist ein Vorrecht

Die Bibel betrachtet menschliche Verantwortlichkeit nicht als einen Nachteil, sondern als Vorrecht, als Zeichen des Menschseins. Aus diesem Blickwinkel ist die Strafe für eine Untat nicht eine Demütigung, sondern eine Würdigung. Es unterscheidet uns von den Tieren, dass wir für unser Handeln Verantwortung tragen und das Gott uns zur Verantwortung zieht. Nehmen wir uns das weg, verlieren wir alle Würde und werden zu Sklaven unserer Instinkte und Begierden. Erkennen wir es an, dann werden wir „ein wenig niedriger als Gott, mit Ehre und Herrlichkeit […] gekrönt", wie es in Psalm 8 heißt (LÜ). Das Vorrecht, wählen zu können zwischen richtig und falsch, zwischen Gerechtigkeit und Ungerechtigkeit, gehört unausweichlich zum wahren Menschsein, zur Erschaffung „nach dem Bild Gottes".

Wir sehen, dass in der Bibel ethische und moralische Grundsätze entfaltet werden. Sie werden zwar nicht systematisch aufgelistet, doch sie finden sich wieder im Alten wie im Neuen Testament. Wir werden ihnen begegnen in Geschichten, Gedichten und lehrhaften Texten und dabei feststellen, wie sie dem angeborenen menschlichen Bedürfnis nach Gerechtigkeit entsprechen. Das kleine Kind schreit „das ist nicht fair!" und der Erwachsene beruft sich ständig auf „Gerechtigkeit". Entweder bedeuten diese Worte etwas, oder sie sind nur leeres Gerede.

Wenn wir uns dafür entscheiden, dass es hier einen Zusammenhang mit einer tiefen menschlichen Sehnsucht gibt, einem universellen Verlangen nach „Gerechtigkeit", dann ist der Weg zum Verständnis der biblischen Ethik nicht mehr weit.

SCHWIERIGE ENTSCHEIDUNGEN TREFFEN

So weit das Grundsätzliche. Wie steht es aber nun mit der Praxis? Wie kommen diese Vorstellungen von Gerechtigkeit und verantwortlichem Leben in den Bibeltexten zum Ausdruck?

Ich beginne mit einer Begebenheit aus dem Leben Davids, des größten Königs Israels, der sich hier allerdings ziemlich schäbig verhalten hat. Es ist ein klassisches Beispiel für die Ehrlichkeit der Bibel, die von den Schwächen der Helden ebenso berichtet wie von ihren Stärken, nachzulesen in 2. Samuel 11. Die ersten Sätze legen nahe, dass David tatenlos und faul war, als er seinen General Joab mit den Offizieren losschickte, um eine Bedrohung durch die Armee der Ammoniter abzuwehren, während er selber den Komfort und die Sicherheit der Hauptstadt bevorzugte. Während seine Armee kämpft, schlendert der König über die Dachterrasse seines Palastes. Von dort aus sieht er eine sehr schöne Frau, die badet. Er sendet einen Diener los, um mehr über diese Frau zu erfahren. Es ist Batseba, die Frau Urias, eines der Offiziere in seiner Armee. Uria nimmt am Feldzug teil, ist also mit Sicherheit nicht zu Hause. Also lässt David die Frau in seinen Palast holen und schläft mit ihr. Nach einigen Wochen sendet Batseba dem König die Nachricht, dass sie ein Kind erwartet.

Dadurch steht Davids guter Ruf als Ehrenmann auf dem Spiel. Er entsinnt einen Plan, der ebenso klug wie unehrenhaft ist. David befiehlt, Uria vom Schlachtfeld zurückzuholen. Nach einem guten Essen im Palast soll er dann zu Hause die Nacht mit seiner Frau verbringen. Uria kommt in den Palast, doch er weist Davids Vorschlag zurück. Davids Plan geht nicht auf, also versucht er, Uria betrunken zu machen. Der will jedoch noch immer nicht nach Hause zu seiner Frau gehen. In seiner Verzweiflung schickt er an Joab den Befehl, Uria bei der nächsten Schlacht an vorderster Front einzusetzen und dann die anderen

Soldaten zurückzuziehen, damit Uria im Kampf fällt. Der gehorsame Joab führt den Befehl aus und Uria wird getötet. Als Batseba vom Tod ihres Mannes hört, trauert sie. Sobald aber die Trauerzeit vorbei ist, lässt David sie holen und heiratet sie, und das Baby wird rechtmäßig geboren.

Christus und die Ehebrecherin, von Bernardo Cavallino (1616–1656)

Mord und Ehebruch

Die Bibel stellt ganz sachlich fest, dass „der Herr verabscheute, was David getan hatte." Gott sendet daraufhin den Propheten Nathan, um dem König entgegenzutreten. Anstatt ihn direkt

des Ehebruchs und Mordes zu beschuldigen, erzählte Nathan eine Geschichte, als ob es sich dabei um einen konkreten Fall handeln würde: Ein reicher Mann, der viele Schafe und Rinder besaß, hatte einen armen Nachbarn, dem nur ein einziges Schäfchen gehörte, das er selbst in seinem Haus aufgezogen hatte. Als der reiche Mann unerwartet Besuch bekam von einem besonderen Gast, wollte er für das Festmahl ein Lamm schlachten. Aber er nahm kein Tier aus seiner großen Herde, sondern stahl das Lamm des armen Mannes und schlachtete es.

David unterbrach entrüstet an dieser Stelle die Geschichte: „Dieser Mann hat den Tod verdient! Dem Armen soll er vier Lämmer geben für das eine, das er ihm rücksichtslos weggenommen hat." Nathan sagte nur: „Du bist dieser Mann!" – und dann gab er die von Gott verordnete Strafe für dieses Vergehen bekannt.

Diese Geschichte zeigt sehr dramatisch das Prinzip der Verantwortung, das selbst für einen König gilt, und das Prinzip der Gerechtigkeit. Am einfachen Beispiel des reichen und des armen Nachbarn konnte David die schreiende Ungerechtigkeit erkennen, die geschehen war. Das hatte er nicht gesehen, so lange er unter jener Betriebsblindheit litt, die uns alle von Zeit zu Zeit befällt, wenn es um unser eigenes Versagen geht. Nathan musste ihm erst drastisch vor Augen malen, was er getan hatte, damit ihm klar wurde, dass die Befriedigung der eigenen Wünsche ohne Rücksicht auf Gerechtigkeit im Gegensatz steht zu den grundlegenden moralischen Prinzipien Gottes.

Dies ist natürlich ein sehr eindeutiger Fall von richtig und falsch, selbst wenn der gute Mann sehr lange gebraucht hat, das zu erkennen. Eine andere Geschichte aus den Evangelien ist weniger offensichtlich und eindeutig, doch sie illustriert mehrere der Grundsätze biblischer Ethik, die in diesem Kapitel skizziert wurden. Sie finden sie im Johannesevangelium, Kapitel 8.

Die Frau, die beim Ehebruch ertappt wurde

Jesus lehrte im Tempelbezirk, als einige Mitglieder einer Gruppe, die wir heute vielleicht als fundamentalistische jüdische Sekte bezeichnen würden, eine Frau vor ihn zerrten: „Diese Frau wurde auf frischer Tat beim Ehebruch ertappt", sagten sie. „Im Gesetz hat Mose uns befohlen, eine solche Frau zu steinigen. Was meinst du dazu?" Jesus schwieg, beugte sich nach vorne „und schrieb mit dem Finger auf die Erde." Was er schrieb, wird nicht berichtet. Die Männer wiederholten ihre Frage. Schließlich richtet Jesus sich auf und sagt zu ihnen: „Wer von euch noch nie gesündigt hat, soll den ersten Stein werfen!" Dann schrieb er auf dem Boden weiter. Da ging einer nach dem anderen fort, „die Älteren zuerst", bis Jesus mit der Frau ganz alleine war. „Wo sind sie jetzt?", fragte er die Frau, „hat dich denn keiner verurteilt?" Sie sagte: „Nein, Herr." Jesus sagte darauf: „ Dann verurteile ich dich auch nicht. Geh, aber sündige nun nicht mehr!"

Schuldig, aber nicht verdammt

Der Unterschied zur Situation Davids ist interessant. Beide Fälle haben mit Ehebruch zu tun, und in keinem Fall wird die Anklage geleugnet. Sie waren fraglos schuldig. Allerdings spricht im ersten Fall der Prophet Gottes sein eindeutiges Urteil aus und kündigt eine Strafe an, während im anderen Fall der „Prophet Gottes" – Jesus – die Verurteilung verweigert und keine Strafe verhängt. Der Unterschied liegt nicht in der Schwere der Schuld, sondern in den Umständen.

David hatte sich eines schweren Machtmissbrauchs schuldig gemacht und sein Ehebruch verband sich mit einem Mord bei dem Versuch, die Straftat zu verbergen. Über die Umstände des Ehebruchs der Frau wird nichts gesagt, aber Jesus wog alle Faktoren ab: Ohne ihr Verhalten in irgendeiner Weise zu billigen, zeigte er Barmherzigkeit und gab der Frau die Chance zum Neuanfang – und machte gleichzeitig deutlich, dass kein Mensch ohne Schuld ist und daher keiner das Recht hat, über andere zu urteilen.

GERECHT LEBEN

Die Grundsätze von Gottes Barmherzigkeit und individueller Verantwortung scheinen entscheidend gewesen zu sein bei diesen beiden Begebenheiten. Berücksichtigen wir alle biblischen Prinzipien, die wir vorher erwähnt haben, dann entdecken wir in diesen beiden Fällen den Wert des menschlichen Lebens (Uria), die Gerechtigkeit, die mehr ist als eine Anwendung von Regeln (die Frau), die Barmherzigkeit Gottes (in keinem Fall wurde die eigentlich vorgeschriebene Strafe angewendet) und die Verantwortlichkeit des Einzelnen (besonders Davids Verantwortung als König). Darüber hinaus werden wir auf das eigentliche Ziel biblischer Ethik hingewiesen: Richtig verstanden zielen Moral und Ethik nicht auf die Herrschaft des Gesetzes oder die Vermeidung negativer Folgen, sondern auf die Erneuerung des Lebens. Es muss das Ziel

DIE BERGPREDIGT

Die Bergpredigt (Matthäus 5–7) bündelt viele der Lehren Jesu zu ethischen Fragen. Sie enthält einige seiner bekanntesten Sätze, wie etwa „Liebe deine Feinde" oder „Wo dein Schatz ist, da wird auch dein Herz sein."

Am Anfang stehen die „Seligpreisungen", eine Sammlung von Sprüchen, die mit „selig sind ..." („glücklich sind ...") beginnen. Sie sollen die Grundlage für ein gelingendes Leben nach Gottes Plan aufzeigen.

Die Bergpredigt endet mit der bekannten Geschichte der zwei Männer, die ihre Häuser bauen – einer auf Felsen, der andere auf Sand. Das erste Haus trotzt Flut und Sturm, das zweite fällt zusammen, „und sein Fall war groß" (LÜ). Jesus erklärt, dass der kluge Mann der ist, der seine Worte hört und danach handelt.

sein, richtig zu leben und anderen Menschen zu helfen, dieses Ziel zu erreichen.

Die beiden Geschichten wollen aber *keine* „Präzedenzfälle" sein: Der eine wird bestraft, die andere nicht. Ehebruch ist immer verkehrt, aber das angemessene Korrektiv ist nicht immer notwenigerweise eine harte Strafe; Barmherzigkeit ist immer gut, aber sie darf nicht dazu dienen, der Verantwortung des Gerichtes zu entgehen. Gottes Wille ist größer als bloße Vergeltung und vielschichtiger als pauschale Vergebung.

DIE BERGPREDIGT

Diese Prinzipien werden noch detaillierter entfaltet in der Ethik, die Jesus gelehrt hat, vielleicht am klarsten in der Bergpredigt (Matthäus 5-7). Das Ziel ist nichts weniger als moralische Vollkommenheit: ein richtiger Charakter oder „Gerechtigkeit", wie es die Bibel nennt. Doch stets schenkt er die gebührende Beachtung der menschlichen Schwachheit, der göttlichen Barmherzigkeit, dem Wert der Vergebung und der notwendigen Erkenntnis, dass Gerechtigkeit letztlich in der Hand Gottes liegt und nicht in unseren Händen. Obwohl das Gesetz des Mose Vergeltung innerhalb strenger gesetzlicher Regeln billigt („Auge um Auge"), lehrt Jesus seine Jünger ein anderes Prinzip: „Halte die andere Wange hin ... gehe zwei

Christus erzählt das Gleichnis vom barmherzigen Samariter, Spitzbogenfenster in der Kathedrale von Chartres, um 1210

Meilen … Liebt eure Feinde, betet für alle, die euch verfolgen". Hier geht es nicht um einen Gesetzestext, der das Leben in einer aufstrebenden Nation ordnen will, sondern Jesus lehrt die Grundsätze, die für die „Kinder des Himmelreichs" gelten. Nichts, was er sagt, widerspricht den Grundsätzen, die wir an anderen Stellen der Bibel finden, aber in der Lehre Jesu werden sie noch einmal überboten. Die Offenbarung schreitet fort und das Bild wird noch einmal klarer. Christen würden sagen, dass in Jesus die absolute Klarheit erreicht ist, aber das ist natürlich eine Glaubensentscheidung.

Eine Reihe von Fallstudien

Es ist wohl deutlich geworden, dass die Bibel ihren Lesern eine lange Reihe von Fallstudien in angewandter Ethik bietet. An einigen der Beispiele mag sich der moderne Leser stoßen, andere liegen außerhalb unserer heutigen Lebenserfahrung. Dahinter stehen jedoch diese Grundsätze: Unsere Stellung als Gottes Geschöpfe, göttliche Barmherzigkeit, Gerechtigkeit und menschliche Verantwortung. Vielleicht stoßen wir uns manchmal an dem Allzumenschlichen, das wir in der Bibel finden. Aber sollten wir von einem ehrlichen Bericht etwas anderes erwarten, der beschreibt, wie Menschen auf der Lebensreise sind und wie Gott sich ihnen auf dieser Lebensreise zeigt – und sie (wenigstens einige von ihnen) zu verstehen und umzusetzen suchen, was Gott ihnen sagt?

Die Ethik von Jesus steht nicht im Widerspruch zu den Grundsätzen für ein gerechtes Leben, die wir im Alten Testament finden – auch wenn einige Leute das annehmen. Er sagt im Prinzip nichts anderes als der Prophet Micha bereits im 8. Jahrhundert vor Christus, der in großartigen Worten von den Israeliten fordert: „Der Herr fordert von euch nur eines: Haltet euch an das Recht, begegnet anderen mit Güte und lebt in Ehrfurcht vor eurem Gott!" Allerdings wendet er das in Wort und Tat radikaler an, als die jüdischen Lehrer vor ihm. Er zog die logische Konsequenz: Wenn Gott so ist und wenn er das erwartet, dann sollten wir versuchen, eben solche Leute zu sein. Und während wir unterwegs sind und täglich schwierige moralische Entscheidungen zu treffen haben, können wir entdecken, wie uns die Maßstäbe der Bibel, und besonders natürlich die Lehren Jesu, beständig mit den besten Empfehlungen versorgen. Es ist nicht eine Liste von Regeln, sondern ein Modell, dem wir folgen können, und ein Ziel, dem wir nachjagen. Gleichzeitig macht die Radikalität der Bergpredigt, die den Ehebruch in Gedanken und den Mord beim bösen Wort beginnen lässt, deutlich: Kein Mensch kann von sich aus die von Gott geforderte Gerechtigkeit erreichen – sondern ist auf Gottes Barmherzigkeit und auf Vergebung angewiesen.

Eine aussergewöhnliche Güte

Jesus verbindet die Hingabe an Gottes Gesetz mit einer solchen Großzügigkeit, Toleranz und Freundlichkeit, dass man ihm im Vergleich mit manchem der hebräischen Propheten fast eine Ethik des Kompromisses vorwerfen mag. Jesus zeigte eine außergewöhnliche Güte und Akzeptanz gegenüber den Armen, den Hilflosen, den Ausgebeuteten, den machtlosen Minderheiten (damals z. B. Frauen) und den Menschen außerhalb des sozialen und religiösen Rahmens (z. B. Heiden, Kollaborateure mit den römischen Besatzern, Leprakranke und Frauen von der Straße). Gleichzeitig war er intolerant gegenüber Machtmissbrauch, Geldverschwendung und heuchlerischer Religiosität. In diesen Fällen waren seine Worte unverblümt und seine Urteile vernichtend. Jesus wusste, was Gerechtigkeit ist!

Eine leuchtende neue Perspektive

Als die ersten Christen versuchten, diese Grundsätze in ihrem Glaubensleben umzusetzen, und dabei auch Niederlagen erlebten, ging es darum, diese schwierige Spannung von Gesetz und Gnade zu verstehen, weshalb der Apostel Paulus in seinem anspruchsvollen Brief an die Gemeinde in Rom dieser Frage ausführlich nachgeht. In den von Paulus gegründeten Gemeinden nahm eine neue Art von Moral ihren Anfang: Die Christen wollten jenes Leben leben, das der Schöpfer für sie im Sinn hatte, fühlten sich aber gleichzeitig frei von der Last der tausend Vorschriften des mosaischen Gesetzes. Sie glaubten, dass Jesus ihre Schuld vergeben hatte, dass ihnen das Gesetz nun sozusagen ins Herz geschrieben sei und dass der Geist Gottes ihnen die Kraft gab, das richtige zu erkennen und zu tun. Auch Paulus schreibt viel über die richtige Lebensgestaltung der Christen, setzt dabei aber immer diese „christliche Ethik" voraus. Sicher versagten sie oft, wie es Christen in allen Jahrhunderten oft taten. Aber sie glaubten, auf dem richtigen Weg zu sein. Und je länger sie auf dem Weg waren, desto mehr eröffnete sich eine strahlende neue Perspektive für das, was gemeint sein könnte mit dem „guten Leben". „Dann werden die Gerechten", sagt Jesus, „strahlen wie die Sonne im Königreich des Vaters" (Matthäus 13,43). Ich nehme an, dass Mose, Elia und alle großen Propheten dem nichts hinzuzufügen gehabt hätten.

5
DIE HELDEN UND DIE SCHURKEN

Wer sind die Guten und wer sind die Bösen? Solche Fragen stellen meine Enkelkinder gerne, wenn sie kommen, um einen Film im Fernsehen anzuschauen. Helden und Schurken sind der Stoff von Märchen, und ihre großen, berühmten Vertreter bieten uns einfache Modelle von Gut und Böse: Superman und sein Gegenspieler Lex Luthor, Schneewittchen und die böse Königin, Frodo Beutlin und der dunkle Herrscher Sauron und so weiter.

Fallen die Helden und die Bösewichte der Bibel in dieselbe Kategorie? Sicher, ihre Namen würden in die Aufzählung solcher Figuren passen: David und Goliat, Simson und Delila, auch Jesus und Judas Iskariot. Auffällig ist, dass die Bibel ihre Charaktere aber nicht so schwarz-weiß zeichnet. Auch David hat, wie wir sahen, schwere Schuld auf sich geladen. Und auch die bösen Charaktere werden tiefgründiger dargestellt. Auch wenn die Autoren der Evangelien Judas zweifellos die Rolle des Bösewichts zuweisen – des Kameraden und Vertrauten, der seinen Freund für Geld verrät, so sind die Geschichte und sein Charakter viel zu komplex, als dass wir es mit einem „einfachen Schurken" zu tun hätten. Markus berichtet zum Beispiel, dass Judas unmittelbar nach den Bemerkungen Jesu über sein bevorstehendes Begräbnis zu den Hohenpriestern ging, „weil er Jesus an sie verraten wollte" (Markus 14,8.10). Könnte es vielleicht sein, dass ihm dies als der letzte „Ausweg" erschien angesichts eines Jesus, der sich von seiner wahren Rolle als Retter Israels – und Judas verstand das vielleicht durchaus militärisch – abwenden wollte und stattdessen im Begriff war, die Niederlage und den Tod durch die Hand der Mächtigen zu akzeptieren? Es scheint, als ob die Schreiber der Evangelien uns – wenn auch nur angedeutet – eine weit vielschichtigere Motivation des Verräters Jesu zeigen wollen, als lediglich einen Mann, dem es um dreißig Silberstücke ging.

Das Spektrum menschlicher Helden wird gerne eingeteilt in die wirklich „Bösen", wie etwa Saddam Hussein, und die wirklich „Guten", wie etwa Mutter Teresa. Die meisten realen Menschen lassen sich nicht so einfach beurteilen. Das gilt auch für die Personen in der Bibel, die oft ziemlich gut und manchmal böse waren – oder umgekehrt. Abraham gehört zu der ersten Gruppe. Zweifellos ein gottesfürchtiger Mann, der sich allerdings wenig mit Ruhm bekleckerte, als er und seine „sehr schöne" Frau Sara während einer Hungersnot nach Ägypten zogen. Er fürchtete, dass die Ägypter ihn um seiner Frau willen töten würden, und gab sie als seine Schwester aus – mit katastrophalen Auswirkungen für alle (1. Mose 12,10-20).

Zur zweiten Gruppe dürfte Pontius Pilatus gehören, der Statthalter von Judäa während des Wirkens Jesu. Die Geschichtsschreiber überliefern, dass er ein sehr brutaler Mensch war. Allerdings hatte er wohl eine gewisse Sympathie für Jesus. Er beharrte darauf, dass er „an ihm keine Schuld finde" und hielt daran fest, dass die Anklage, die über Jesu Kopf befestigt wurde, geradeheraus besagte: „Jesus von Nazareth, der König der Juden." Als sich die Hohenpriester beschwerten, erklärte Pilatus schlicht: „Was ich geschrieben habe, das habe ich geschrieben." (Johannes 19,19-22; LÜ)

LEBENDIGE PERSÖNLICHKEITEN

In der Tat kann man die Bibel nicht lesen, ohne zu bemerken, dass ihre Geschichten sich um lebendige Personen drehen, von denen einige eher Helden, andere eher Schurken sind. Wir begegnen diesen Menschen von Anfang an: Adam und Eva, Kain und Abel, Noah und seine skeptischen Nachbarn, Abraham und Sara, Isaak und Jakob und so weiter. Weil man die Bibel nicht entdecken und ihre Botschaft schätzen kann, ohne über diese Menschen nachzudenken, bietet dieses Kapitel einen schnellen Überblick über die Helden und Schurken der Bibel, quasi ein Rollenverzeichnis.

Eine originelle Aktion im Kampf gegen unsoziales Verhalten zeigen diese Plakatwände in Mexiko-Stadt: Berühmte Personen wie Mutter Teresa und Saddam Hussein, die für das Gute und das Böse stehen, sollen die Aufmerksamkeit der Passanten erregen.

Adam und Eva

Adam und Eva haben wir bereits erwähnt. Ihre Namen bedeuten wörtlich „der Mann" und „Leben", was nahelegt, dass sie vielleicht eher Stellvertreter sind als historische Personen. In jedem Fall ist es nicht leicht, sie nach menschlichen Begriffen als Helden oder Schurken einzuordnen. Sie sind eher wie Personen in einer gewaltigen Tragödie, die alles verlieren, was wirklich gut, wahr und wertvoll ist, menschlich betrachtet aufgrund eines einzigen Augenblicks moralischer Schwäche oder eines einzigen fehlbaren Charakterzugs. Aus Gottes Sicht lehnten sie sich gegen ihn auf. Die Unschuld ist verloren, aber waren sie nun einfach nur „böse"? Wir sind alle Kinder Adams und Evas. Ihre Geschichte erinnert uns daran, dass jeder Mensch sich auf einer moralischen Gratwanderung befindet, dass unsere Worte und Taten oft ungeahnte Folgen haben, dass die Schuld seither zum Leben gehört und dass wir alle von Natur aus Gottes Wort und Willen ignorieren und ablehnen. Gleichwohl kümmert sich Gott um sie und gibt sie nicht verloren.

Ihr ältester Sohn, Kain, ist auch ein komplizierter Fall. Genau genommen ist er der erste Mörder in der Bibel, der erste Mensch, der das Blut eines anderen vergießt. Doch auch hier wäre es zu einfach, ihn einfach nur zum „Schurken" zu stempeln. Für ein eindeutiges Urteil ist die Geschichte zu knapp erzählt, aber es scheint, dass er neidisch war auf das Opfer seines Bruders. Dieser brachte dem Herrn ein Tieropfer dar, während sein eigenes Opfer, das aus Feldfrüchten bestand, als minderwertig angesehen wurde. Das führt zu einem eifersüchtigen Wutanfall, bei dem er seinen Bruder Abel tötet. Das war eindeutig eine böse Tat und seine Strafe bestand im Ausschluss aus der menschlichen Gemeinschaft − interessanterweise aber nicht in seinem Tod. Vielmehr machte der Herr „ein Zeichen an Kain" (das sprichwörtliche Kainsmal), „damit jeder, der ihm begegnete, wusste: Kain darf man nicht töten." (1. Mose 4,15) Dies war weniger ein Akt der Bestrafung als ein Akt der Barmherzigkeit.

Abraham, David, Salomo

Wenn wir im Alten Testament weiterblättern, stellen wir fest, dass viele der schillernden Persönlichkeiten nicht leicht der Kategorie „Held" oder „Schurke" zugeordnet werden können. Abraham war meistens heldenhaft, verließ er doch seine Heimat Ur und zog auf göttliche Weisung westwärts. Er entschied sich dafür, dem unsichtbaren Gott zu gehorchen, was immer dieser ihm befehlen würde. Als er jedoch durch die Wüste Negeb zog, griff Abraham zu einer schäbigen und feigen List, um seine eigene Haut zu retten. Anscheinend war es ihm lieber, dass der örtliche Regent seine Frau Sara für seine Schwester hielt und mit ihr schlief, als ihm die Wahrheit zu sagen und zu riskieren, dass der König

KÖNIG DAVID

David war der größte König Israels, doch er wird an einer Stelle der Bibel entlarvt als Ehebrecher, der sich nicht scheut, den Ehemann eben jener Frau ermorden zu lassen, mit der er ein Verhältnis hatte. David war Israels zweiter König und er bestieg den Thron nach dem Tod Sauls im 11. Jh. v. Chr. Er eroberte Jerusalem, kaufte das Gelände, auf dem sein Sohn Salomo den Tempel bauen würde, und schuf ein vereinigtes Königreich der zwölf Stämme, damals eine bedeutende Macht. Nach Salomos Tod zerfiel das Reich in das Nordreich Israel und das Südreich Juda.

David verband viele Eigenschaften, die das jüdische Ideal vom Königtum ausmachten. Er war ein Schafhirte – der „Hirte" wurde später zum Synonym für den guten König, der sein Volk führt, beschützt und versorgt. Er war ein großartiger Soldat, der viele traditionelle Feinde Israels besiegte und so erstmals ein nationales Gefühl von Stolz und Würde schuf. David war ein tiefgläubiger Mann, der viele der Psalmen der Bibel dichtete, die bekannt wurden als „Psalm Davids". Ebenso zeigte er aber auch menschliche Schwäche und moralisches Versagen, dem er sich jedoch stellte. David wurde zum Vorbild, an dem alle Könige Israels gemessen wurden. In späterer Zeit hofften die Juden auf einen neuen, „messianischen" König aus dem Haus Davids, der das Königreich in seiner früheren Pracht wieder herstellen würde.

Das Grab König Davids auf dem Berg Zion in Jerusalem ist bis heute eine Pilgerstätte für Juden und Christen.

ihn tötet und Sara zur Nebenfrau macht. Den Vorfall können Sie nachlesen in 1. Mose 20,1-11.

Diese Geschichte wird ohne Schönfärberei oder Entschuldigung erzählt. Damit ist sie typisch für die Art und Weise, wie die hebräischen Schriften vom Leben der großen Männer und Frauen berichten. Es sind ausnahmslos „ungeschminkte" Portraits. Simsons legendäre Stärke ist gepaart mit der Schwachheit für Frauen, besonders die durchtriebene Delila. Davids moralischer Fehltritt in der Affäre mit Batseba, der bereits erwähnt wurde (2. Samuel 11,1-27), bietet einen schonungslos ehrlichen Einblick in das Leben des Mannes, den die Bibel beschreibt als „einen Mann nach dem Herzen Gottes". Der weise Salomo zeigte eine fragwürdige Weisheit, als er sich einen gewaltigen Harem von tausend Frauen und Nebenfrauen zulegte, die zumeist aus anderen Völkern kamen und andere Götter verehrten und die ihn unweigerlich zum Götzendienst verführten (1. Könige 11,1-6). Dann sind da Elias Selbstmitleid und Feigheit während der Regentschaft des berüchtigten Königs Ahab, die ihn dazu verleiteten, in die Wüste zu fliehen und sich dort zu verstecken – bis Gott ihn mit einem Auftrag, den er ausführen soll, in die Zivilisation zurückschickte (1. Könige 19,1-18). Abraham, David, Salomo und Elia sind wahre Säulen in den hebräischen Schriften: Es gibt keine größeren Männer in der Geschichte Israels. Doch die Bibel stellt auch schonungslos ihre menschliche Fehlbarkeit dar. Fügen wir jetzt noch das Versagen der weniger bedeutenden „Helden des Glaubens" hinzu, dann haben wir reichliche Hinweise darauf, dass es den Autoren wirklich darum ging, das ganze Bild darzustellen.

Personen des Neuen Testaments

Gehen wir in das Neue Testament, dann ist es ebenso deutlich, dass sich die Autoren keinesfalls die Ausschmückung der Wahrheit vorwerfen lassen wollen. Große Apostel wie Petrus und Paulus werden in ihrer ganzen menschlichen Schwäche gezeigt. So nimmt die Behauptung des Petrus, dass er Jesus nicht einmal kenne, einen zentralen Platz in allen Evangelien ein. Man nimmt an, dass Markus seine Informationen direkt von Petrus erhalten hat. Nur bei ihm erfahren wir, dass Petrus seine Verleugnung Jesu sogar mit einem Eid bekräftigte (Markus 14,71). Petrus und Paulus entzweien sich über der Frage der jüdischen Speisevorschriften (Galater 2,11-14). Paulus muss sich entschuldigen für einen verbalen Angriff auf den Hohenpriester (Apostelgeschichte 23,3) und gibt in seinem Brief an die Gemeinde in Korinth zu, dass er zu stolz sein könnte auf seine Autorität (2. Korinther 10,8). Er zerstritt sich auch mit Barnabas, seinem liebenswürdigen Freund und ersten Förderer, über der Frage, ob Markus sie auf der zweiten Missionsreise begleiten solle (Apostelgeschichte 9,27 und 15,38-40). Allerdings revidierte Paulus später in seinem Leben dieses Urteil und lernte Markus als wertvollen Mitarbeiter sehr schätzen (2. Timotheus 4,11). Im letzten Kapitel des 2. Briefs an Timotheus macht ein einsamer Paulus seinem Herzen Luft über viele Leute, die ihn enttäuscht haben.

Als erster Zeuge der Auferstehung Jesu wird in allen Evangelien Maria Magdalena genannt. Von ihr lesen wir auch, dass Jesus sieben Dämonen aus ihr austrieb (Markus 16,9). Wahrscheinlich war sie nicht die bekehrte Prostituierte, als die sie in der mittelalterlichen Kunst dargestellt wird, sie war aber bestimmt auch kein „ehrbares" Mitglied der Gesellschaft. Selbst Jesu Familie – wahrscheinlich einschließlich seiner Mutter Maria – versuchte bei einer Gelegenheit, ihn von seinem öffentlichen Dienst zurückzuhalten. Der Jünger Thomas wies die Argumente der übrigen Jünger für die Auferstehung Jesu ab und bestand darauf, den auferstandenen Jesus selbst zu sehen und zu berühren. Die Autoren verschonen niemanden. Weit jenseits eines idyllischen Bildes von der ersten Gemeinde zeichnen sie ein Bild, das uns nur allzu vertraut ist aus der gegenwärtigen Kirche: Sexskandale, finanzielle Unregelmäßigkeiten, Zank und Streit.

Der vollkommene Mensch

All das macht das Portrait Jesu in den Evangelien noch aussagekräftiger. Unter der moralischen Lupe scheint er als Einziger unbeschadet davonzukommen. Das bedeutet nicht, dass die Bibel hier das Bild einer Person zeichnet, die in einer völlig anderen Dimension lebt. Auch Jesus hatte intensive menschliche Gefühle und Bedürfnisse. Am Abend vor der Kreuzigung finden wir ihn voller Angst im Garten Gethsemane. Er ringt mit seinem Vater darum, ihm die bevorstehende Qual zu ersparen – „wenn es möglich ist". Er kann zornig werden, wenn es um die Gerechtigkeit geht, jagt die Händler aus dem Tempel und wirft ihre Tische um. Jedoch zeigt das Bild, das wir von ihm gewinnen, einen Mann, der im Frieden mit sich selbst, mit seiner Umgebung und mit Gott lebt, einen Mann der Wahrheit und der Rechtschaffenheit. Die Bibel betrachtet ihn als Einzigen als „sündlos". Darum steht er weit über allen geistlichen Größen der Bibel und auch in der Geschichte der Menschheit ist er einzigartig.

6
Die Evangelien:
Biografien mit Biss

Nach zwei Dritteln der Bibel gelangt man zu jenen Büchern, die Christen als das Herzstück betrachten, die vier Evangelien. Das Wort bedeutet schlicht „Gute Nachricht" und die Bücher wollen die Geschichte vom Leben des Jesus von Nazareth erzählen. Sie sind die Hauptquellen, auf denen unser Wissen über den Gründer des Christentums beruht.

Wieso vier Evangelien?

Die Frage ist berechtigt, wieso wir *vier* von diesen Büchern benötigen, zumal drei von ihnen (Matthäus, Markus und Lukas) viel identisches Material beinhalten. Hier gibt es zwei Antworten:

Einerseits gab es eine ganze Fülle von „Evangelien" und Sammlungen der Sprüche Jesu. Die vier, die wir heute in der Bibel finden – Matthäus, Markus, Lukas und Johannes – erwiesen sich als die authentischsten Berichte über das Leben Jesu.

Andererseits liefern die vier Bücher bei allen Ähnlichkeiten sehr unterschiedliche Einblicke in die Bedeutung Jesu. Dasselbe Material, unterschiedlich dargeboten und mit individueller Betonung, hilft uns, das Bild jenes Mannes zu ergänzen, der solch einen großen Einfluss auf die hatte, die ihn kannten. Matthäus, Markus und Lukas teilen zwar ganze Textabschnitte miteinander, doch durch die individuelle Anordnung ergibt sich immer wieder ein leicht veränderter Blick auf Jesus. Erst wenn wir das ganze Bild aus unterschiedlichen Blickwinkeln heraus betrachten, beginnen wir die wahre Gestalt und Bedeutung des Mannes aus Nazareth zu erkennen.

Sicher ist das Vorhandensein von vier Evangelien noch von weiterem Nutzen. Jedes ist eine zusätzliche Bestätigung für das, was geschehen ist. Ich erinnere mich an einen Kriminalkommissar im Ruhestand, der einer Gruppe zuhörte, die über die verschiedenen Evangelien-Berichte von der Auferstehung Jesu diskutierten. Die Unterschiede in den Geschichten beunruhigten sie zunehmend. Schließlich mischte er sich ein. „Als ein Polizist", sagte er, „habe ich sehr schnell gelernt, dass, wenn vier Leute exakt den gleichen Bericht geben von dem, was sie gesehen haben, nur ein Schluss daraus zu ziehen ist: Absprache!" Vier Evangelien, die grundsätzlich die gleiche Geschichte aus unterschiedlichen Blickwinkeln erzählen, machen das Ganze viel glaubwürdiger.

Ein historisches Ereignis

Jesus wurde während der Herrschaft von Herodes dem Großen geboren, welcher 4 v. Chr. starb – was uns direkt sagt, dass jene, die unseren Kalender festgelegt haben, sich im Datum geirrt haben. Tatsächlich war die ganze Welt, als sie das 2000. Jubiläum der Geburt Jesu feierte, vier Jahre zu spät dran. Die meisten Gelehrten datieren Jesu Geburt zwischen 6 und 4 v. Chr. Nach Lukas trat er etwa 30 Jahre später im Jordantal und am See Genezareth an die Öffentlichkeit. Jesus wurde hingerichtet durch Kreuzigung während der Präfektur von Pontius Pilatus – wahrscheinlich im Jahr 30 n. Chr. oder kurze Zeit später. Genaue Zeiten kann man nur schwer bestimmen, weil zu jener Zeit unterschiedliche Kalender im Gebrauch waren. Die Angaben des Lukas sind hier sehr hilfreich, weil er das Auftreten von Johannes dem Täufer am Jordan etwa mit der Zeit zusammenlegt, in der Jesu Wirken begann. Als Zeitpunkt nennt er das fünfzehnte Regierungsjahr des Kaisers Tiberius, was dem Jahr 27 n. Chr. entspricht.

Wir beginnen zu Recht mit diesen Daten, weil es ein zentrales Anliegen der Evangelien ist, das Leben Jesu in einem historischen Zusammenhang darzustellen. Die christliche Kirche, zu der die vier Autoren gehörten, verdankt ihre Existenz dieser historischen Tatsache, und der christliche Glauben gründete sich nachdrücklich auf das Bekenntnis: „Jesus Christus ist in das Fleisch gekommen" (1. Johannes 4,2; LÜ). Jesus war wirklich körperlich anwesend in dieser Welt und nicht nur eine göttliche Manifestation oder ein himmlisches Wesen, das lediglich eine menschliche Gestalt annahm wie die „Götter" der Griechen und Römer.

Wohl kein vernünftiger Mensch würde heutzutage versuchen zu beweisen, dass Jesus von Nazareth nie gelebt hat. Sein Leben, seine Taten und sein Einfluss sind auch in vielen nicht-christlichen Quellen festgehalten, angefangen beim jüdischen Historiker Josephus bis hin zum römischen Geschichtsschreiber Tacitus.

Die Evangelien als Biografien?

Ich habe bereits gesagt, dass die Evangelien die Geschichte von Jesus erzählen wollen. Wir sollten sie deshalb aber nicht einfach wie eine moderne Biografie betrachten. Eine moderne Biografie will nicht nur umfassend von Taten und Worten einer Person berichten, sie will auch eine ganzheitliche Einschätzung der Bedeutung des gesamten Lebens dieser Person bieten. Außerdem versucht sie, die Person in den historischen Zusammenhang einzuordnen und die Aussagen mit zahlreichen Argumenten zu belegen. Bevor wir eine Biografie lesen, sollten wir uns darüber klar werden, ob der Autor für die beschriebene Person eher Sympathie oder Abneigung empfindet. Nur wenige Biografien sind völlig neutral, und in diesem Fall dürften sie auch ziemlich langweilig sein. Unter Autoren ist bekannt, dass man eine Person, über die man eine große Biografie verfasst hat, anschließend meist sympathischer findet als vorher, auch wenn es sich eher um einen garstigen Charakter handelt.

Einige Biografien werden noch zu Lebzeiten geschrieben, doch entstehen die besten wohl erst nach dem Tod einer Person, da die Zeit eine ganz eigene Perspektive auf ein Leben eröffnet.

In mancher Hinsicht gleichen die Evangelien modernen Biografien, doch gibt es auch deutliche Unterschiede. Bevor wir uns also näher mit ihnen beschäftigen, sollten wir klären, wieso das so ist. Alle Evangelien entstanden im Nachhinein. Markus schrieb vermutlich zuerst, wahrscheinlich um das Jahr 70, also etwa 35 Jahre nach der Kreuzigung. In der Regel wird angenommen, dass Johannes als letzter schrieb, und zwar am Ende des 1. Jahrhunderts, weniger als 70 Jahre nach Jesu Tod.

Ein aktueller Vergleich ist hier interessant. Würde jemand heute eine Biografie über Joseph Goebbels schreiben, wäre das über 60 Jahre nach seinem Tod. Der Evangelist Markus war 25 Jahre näher dran an Jesus. Es bleibt nicht viel Zeit, um die Geschichte mit Legenden oder wundersamen Zusätzen anzureichern. Der Apostel Paulus schrieb 10 Jahre vor dem Markusevangelium an die Gemeinde in Korinth, dass die meisten Zeugen der Auferstehung Jesu noch lebten (siehe 1. Korinther 15,6). Das ist nicht verwunderlich, wenn man davon ausgeht, dass die engsten Freunde Jesu etwa in seinem Alter oder jünger waren. Als Paulus seinen Brief im Jahr 54 n. Chr. diktierte, waren diese um die 50 Jahre alt.

Leidenschaftliche und eindringliche Botschaften

Soweit gleichen die Evangelien also vielen anderen Biografien auf den Bücherregalen. Alle Schreiber der Evangelien hatten jedoch ein übergeordnetes Ziel, das Johannes mit eindeutigen Worten beschreibt: „Die hier aufgezeichneten Berichte wurden geschrieben, damit ihr glaubt, dass Jesus der versprochene Retter und der Sohn Gottes ist. Wenn ihr ihm vertraut, habt ihr durch ihn das ewige Leben." (Johannes 20,31) Diese Bücher sind also nicht nüchterne, leidenschaftslose, neutrale Berichte über das Leben Jesu, die analysiert und später von Gelehrten zerpflückt werden sollen. Es sind leidenschaftliche und eindringliche Botschaften an die Leser, die angenommen und geglaubt werden sollen und das Leben verändern wollen. Die Autoren glaubten an Jesus und wollten, dass ihre Leser dieselben Erfahrungen machen. Dieser Aspekt gibt den Evangelien ihren außergewöhnlich dringlichen und ernsten Ton. Es geht um Leben oder Tod.

Bedeutet das, dass die Autoren jeglichen Anspruch auf sachliche Richtigkeit aufgegeben haben? Sind diese Schriften lediglich Werbung? Sind die Evangelisten so berauscht von der Person und den Worten Jesu, dass sie das gewöhnliche Niveau an Ehrlichkeit preisgegeben haben, das man von jedem Verfasser eines ernsthaften Berichtes über einen wichtigen und einflussreichen Mann erwarten kann? Wollen sie nur Nachfolger für ihn gewinnen?

Ich glaube, dass die Antwort auf alle diese Fragen ein klares „Nein" ist, und ich werde noch zeigen, wieso. Trotzdem sollte man als Leser diesen Sachverhalt im Sinn behalten, wenn man sich mit den Evangelien beschäftigt: Die Evangelien wollen gelesen werden, weil die Botschaft Jesu dringlich ist. Sie wollen uns ein Bild vermitteln von einem Leben, das einen unvergleichlichen Einfluss auf die Geschichte der Welt hatte, damit wir verstehen, welche Bedeutung diese Botschaft und dieses Leben für uns heute hat. Dazu wurden sie geschrieben – ehrliche Bücher, geschrieben von ehrlichen Menschen mit einer ehrlich zugegebenen Absicht: Wir möchten dich überzeugen!

Ein „ordentlicher Bericht"

Wir sahen, wie Johannes die Absicht erläutert, die ihn zum Schreiben bewogen hat. Lukas erklärt sogar, wie er bei der Recherche vorgegangen ist, und das gleicht am ehesten unseren heutigen Vorstellungen von einer Biografie: „Schon viele haben versucht, all das aufzuschreiben, was bei uns geschehen ist, so, wie es die Augenzeugen berichtet haben, die

Kapernaum liegt am nördlichen Ufer des Sees Genezareth. Der Ort war das Zentrum für den Dienst Jesu in Galiläa, von hier aus konnte er mit dem Boot zu den östlichen Gebieten des Sees gelangen und auch zu den Orten und Dörfern am Westufer. Galiläa war zur Zeit Jesu eine eigene, von Judäa unabhängige Provinz mit einer überwiegend heidnischen Bevölkerung, was ihr den Spitznamen „Galiläa der Heiden" eintrug. Die Galiläer hatten einen ganz eigenen Akzent (vgl. Markus 14,70) und ihren eigenen Lebensstil; viele verdienten ihren Lebensunterhalt direkt am See als Fischer. Jesus wurde in Bethlehem in Judäa geboren, nur wenige Kilometer von Jerusalem entfernt. Seine Heimatstadt war jedoch Nazareth in Galiläa, wo sein Vater Zimmermann war.

Luftbild von Kapernaum, am nördlichen Ufer des Sees Genezareth

von Anfang an dabei waren. Ihnen hat Gott den Auftrag gegeben, die rettende Botschaft weiterzusagen. Nun habe auch ich mich sehr darum bemüht, alles von Anfang an genau zu erfahren. Ich will es dir, lieber Theophilus, jetzt der Reihe nach berichten. Du wirst merken, dass alles, was man dich gelehrt hat, richtig und wahr ist." (Lukas 1,1-4)

Lukas tat, was jeder korrekte Biograf tun würde: Er ging zurück zu den Quellen, sichtete das Material und befragte die Augenzeugen. Anschließend ordnete er den Stoff in der ihm richtig erscheinenden Reihenfolge zu einem Buch. Doch selbst hier nehmen wir die Überzeugungsabsicht wahr: „du sollst merken ... was richtig und wahr ist". Es ging für seinen ersten Leser Theophilus – und für uns – um mehr als eine korrekte Kenntnis der bloßen Fakten.

DIE AUTOREN

Nachdem wir uns ein wenig mit der speziellen Literaturgattung der Evangelien beschäftigt haben – man könnte sie „Biografien mit Biss" nennen – ist es an der Zeit, sich näher mit den Autoren und ihren unterschiedlichen Ansätzen zu beschäftigen. Auch wenn Markus ge-

schichtlich der erste sein dürfte, gibt es gute Gründe dafür, wieso Matthäus schon immer die Liste der Evangelien anführte.

Matthäus

Matthäus stellte die offensichtliche Verbindung her zum Alten Testament. Sein Buch beginnt mit einem ausführlichen Stammbaum Jesu, den er zurückführt bis auf Abraham, den Stammvater des jüdischen Volkes. Dies war der übliche Weg, den Lebensbericht einer bestimmten Person zu beginnen, wobei man biologische Tatsachen nicht auf die Goldwaage legte. Das gilt auch für Matthäus, denn er bezieht sich auf Josef, den „Vater Jesu", von dem er kurze Zeit später sagen wird, dass er überhaupt nicht der biologische Vater Jesu ist. Wohl deshalb wird er geführt als „der Mann Marias. Sie brachte Jesus zur Welt." (Matthäus 1,16)

Die Verbindung der Geschichte Jesu mit der Geschichte des jüdischen Volkes zieht sich thematisch durch das ganze Buch. So wird 15 Mal im Evangelium ein Ereignis mit dem Satz kommentiert: „Das geschah, damit sich erfüllte, was die Propheten gesagt hatten". An weiteren Stellen wird auch ohne den konkreten Hinweis deutlich gemacht, dass Taten und Worte Jesu die Verheißungen des Alten Testaments erfüllt haben.

Wenn man die Bibel von vorne nach hinten durchliest, dann wird man keinen Quantensprung wahrnehmen zwischen den letzten Kapiteln des Alten Testaments und dem Matthäusevangelium. Dort spricht der Prophet Maleachi von dem „Boten", der „vor dem Herrn hergeht" und von dem Herrn selbst, der „plötzlich in seinen Tempel kommt". Und Matthäus berichtet dann genau diese Dinge: Johannes der Täufer, der angekündigte „Bote", tritt unmittelbar nach der Geburtsgeschichte auf. Sein Auftreten wird deutlich ausgewiesen als die Erfüllung von Worten des Propheten Jesaja. Später wird dann Jesus selbst zum Tempel kommen und ihn „reinigen" (Matthäus 21,12-13).

Das Matthäusevangelium ist so durchtränkt von der Sprache und den Vorstellungen der hebräischen Schriften, dass die Vermutung berechtigt ist, der Autor sei ein jüdischer Christ in einem jüdischen Umfeld gewesen. Während der ersten Christenverfolgung in der Anfangszeit der Gemeinde wurden die meisten Gläubigen von Jerusalem in die umliegenden Gegenden vertrieben. Dort hatten die Autoritäten des Tempels weniger Einfluss. Allerdings blieb eine Gemeinde in Jerusalem erhalten. Man geht davon aus, dass das Matthäusevangelium die schriftlichen und mündlichen Berichte jener Jerusalemer Gemeinde enthält und dass es eher in einem hebräischen als in einem griechischen Umfeld zusammengestellt wurde.

Die Worte Jesu

Es gibt eine Aussage von Papias, dem Bischof von Hierapolis in der ersten Hälfte des 2. Jahrhunderts, wonach Matthäus „Worte" in „Hebräisch" gesammelt habe. Die frühe Kirche hielt das für das Material des Matthäusevangeliums. Unter „Hebräisch" ist allerdings Aramäisch zu verstehen, ein Dialekt, den Jesus und seine jüdischen Landsleute in jener Zeit sprachen. Das wirft die Frage nach den Verfassern der Evangelien auf. Tatsächlich sind alle in dem Sinn anonym, dass in keinem der Texte der Verfasser namentlich genannt wird. Matthäus' Name wurde – vielleicht aus den genannten Gründen – von Anfang an mit dem ersten Evangelium in Verbindung gebracht.

Er wird aufgeführt als Jünger Jesu, einer der erwählten „Zwölf", die seine engsten Freunde waren und denen er seine Lehre am vertraulichsten vermittelte. Nach Auskunft der Evangelien war er ein Zolleinnehmer der verhassten römischen Besatzungsmacht, was ihm die Verachtung seiner jüdischen Landsleute einbrachte. Als er Jesus begegnete, verließ er seine Zollstelle und folgte ihm. Sein Evangelium ist inhaltlich sehr eng mit denen von Markus und Lukas verwandt. Nur etwa 35 Prozent der Texte finden sich allein bei ihm. Aufgrund des vielen gemeinsamen Materials werden die ersten drei Evangelien oft auch als die „synoptischen" Evangelien bezeichnet (weil man sie „zusammensehen", also nebeneinanderlegen und vergleichen kann).

Ein „jüdisches" Evangelium

Dieses wird allgemein für das am meisten „jüdische" Evangelium gehalten und sein Autor war mit Sicherheit selbst ein Jude. Dafür sprechen zahlreiche interne Hinweise: Jüdische Namen und Ausdrücke werden nicht übersetzt oder erklärt (*raka* in 5,22 und *korbanas* in 27,6), jüdische religiöse Praktiken, wie die rituelle Handwaschung, werden selbstverständlich als vertraut vorausgesetzt. Matthäus ändert das übliche „Königreich Gottes" der anderen Evangelien in „Königreich der Himmel", um nach jüdischer Gewohnheit einen unnötigen Bezug zu dem heiligen Namen Gottes zu vermeiden. Allein er spricht davon, dass Jesus gesandt ist zu „den verlorenen Schafen des Hauses Israel", und er sagt auch nichts Positives über die Samariter, wie dies ansonsten im Neuen Testa-

DAS GARTENGRAB IN JERUSALEM

Das „Gartengrab" in Jerusalem liegt an einem Ort, der auch als „Gordon's Golgatha" bekannt ist. Der englische General Gordon schlug diesen Felsvorsprung und den Garten unterhalb als möglichen Ort der Kreuzigung und Beerdigung Jesu vor. Inzwischen steht fest, dass dies nicht der ursprüngliche Ort sein kann, zumal er auch im ersten Jahrhundert innerhalb der Stadtmauer lag, was den biblischen Berichten widerspricht. Dennoch ist er ein schönes Beispiel, wie ein Grab im ersten Jahrhundert ausgesehen hat – inklusive des schweren Steins, den man vor den Eingang rollte. Die meisten Gelehrten sind sich darin einig, dass sich die ursprüngliche Stätte unter der Grabeskirche befindet. Der heute mitten in der Stadt gelegene Ort befand sich im 1. Jahrhundert außerhalb der Stadtmauer.

Sobald man durch die verschiedenen Objekte der Verehrung und die Altäre der konkurrierenden christlichen Kirchen, die sich dieses Gebäude teilen, hindurchgedrungen ist, kann man ein Gab aus dem ersten Jahrhundert besuchen, das unter einem Felshügel liegt – dem möglichen Ort der Kreuzigung Jesu.

Der Eingang zum „Gartengrab" in Jerusalem

ment geschieht, obwohl sie von den Juden verachtet wurden als diejenigen, die die wahre Religion verunreinigen.

Ungeachtet dessen ist das Matthäusevangelium mit seiner jüdischen Färbung in vielerlei Hinsicht das „anti-jüdischste" der synoptischen Evangelien. Anders als die anderen Evangelisten gibt er sich nicht damit zufrieden, Jesus als den Retter der ganzen Welt vorzustellen (obwohl das eindeutig ein weiteres Anliegen des Evangeliums ist). Das Kommen Jesu bedeutet für ihn auch ein furchtbares Gericht für das jüdische Volk, das seinen Messias nicht erkannt und am Ende abgelehnt hat. In diesem Evangelium werden die Tempelfürsten (die Sadduzäer), die Schriftgelehrten (die „Lehrer des Gesetzes") und die religiöse Sekte der Pharisäer besonders verletzend angegriffen. Die Hinweise legen nahe, dass dieses Buch verfasst wurde während der Zeit des ersten großen Zerwürfnisses zwischen der wachsenden Kirche und der Synagoge. Das passt zu der Vorstellung von einem jüdischen Autor oder Sammler, für den die Spaltung der beiden Wege persönlich besonders schmerzlich war. Natürlich will Matthäus ebenso wie die anderen Evangelisten mit allen verfügbaren Argumenten zeigen, dass Jesus der lange versprochene Messias (auf Griechisch: Christus) ist. Trotzdem ist er vorsichtiger als die anderen Autoren, wenn es darum geht, diesen Anspruch Jesus selbst formulieren zu lassen. Er lässt lieber andere zu dieser Schlussfolgerung kommen und das dann bekennen. Das dramatischste Beispiel ist das Gespräch auf der Straße nach Caesarea Philippi (Matthäus 16,13-17).

Am liebsten verwendet Matthäus für Jesus den Titel, den dieser selbst immer wieder gebraucht: „Menschensohn". Das ist eine herrlich doppeldeutige Bezeichnung, die im Buch Daniel wurzelt. Dort ist der „Menschensohn" ein ewiger Herrscher über alle Länder (siehe z. B. Daniel 7,13).

Markus

Das zweite Evangelium in der Bibel ist das Markusevangelium, auch wenn es wahrscheinlich als erstes geschrieben wurde. Eine starke Tradition und einige interne Hinweise deuten auf den jungen Mann Johannes Markus als Autor hin. In der Apostelgeschichte begegnet er uns kurz nach der Kreuzigung im Haus seiner Mutter in Jerusalem. Er könnte der unbenannte „junge Mann" sein, der während der Verhaftung Jesu nackt floh (Markus 14,51-52). Später ging er mit dem Apostel Paulus auf eine Missionsreise. Weil er seinen anspruchsvollen Leiter nicht zufriedenstellen konnte, lehnte der es ab, ihn auf eine weitere Reise mitzunehmen. Ein Hinweis in einem Brief von Paulus legt jedoch nahe, dass sie später herzlich befreundet waren (siehe Apostelgeschichte 15,36-40 und 2. Timotheus 4,11).

Der Überlieferung nach starb er in Rom, wo er auch sein Evangelium schrieb. Vermutlich war der Apostel Petrus dabei die vorrangige Quelle – was durch interne Hinweise bestärkt wird, denn Markus nennt Details, die allein Petrus wissen konnte. Allgemein wird angenommen, dass das Buch um 65–70 n. Chr. entstand. Im Vergleich zu den anderen Evangelien ist es kurz und kommt schnell voran. Das Lieblingswort von Markus ist „sofort", was allerdings die meisten Übersetzungen verbergen hinter Varianten wie „augenblicklich" oder „ohne Verzögerung". Es ist ein Evangelium der starken Pinselstriche, eine Story voll Action. Schließlich geht es um einen Kampf kosmischen Ausmaßes. Die Macht des Lichtes und des Guten in Jesus kämpft mit der Finsternis und dem Bösen in einer ungläubigen Welt. Nahezu alle Texte von Markus finden sich auch bei Matthäus und Lukas, wenngleich sie dort anders geordnet und präsentiert werden.

Ein rasendes Tempo

Das Markusevangelium schreitet rasend schnell voran. Eine Geschichte folgt der anderen in atemberaubendem Tempo. Man lese nur Kapitel 1 von Vers 21 bis zum Ende, um zu verstehen, was ich meine. Jesus lehrt in der Synagoge, treibt einen unreinen Geist aus, heilt Simons Schwiegermutter vom „Fieber" und kümmert sich nach Einbruch der Dunkelheit um eine Gruppe kranker und belasteter Menschen, die sich an der Haustür versammelt hatten. Er geht schlafen, steht aber noch bei Dunkelheit wieder auf, um an einem einsamen Ort zu beten. Dort stellen ihm seine Jünger nach und sagen ihm, dass „alle Leute" nach ihm fragen. Mit seinen Jüngern bricht er auf in die Nachbardörfer, um dort zu predigen und zu heilen. Und das alles in weniger als zwei Tagen!

Markus verfolgt mit seinem Tempo eine Absicht. Für ihn beginnt mit dem Kommen Jesu eine kosmische Schlacht zwischen den Mächten des Bösen und dem Agenten des Lichtes. Das erste Wunder – die Austreibung eines unreinen Geistes – stellt die Weichen für das ganze Buch. Durch alle Geschichten zieht sich ein ernster Ton der Auseinandersetzung, der seinen Höhepunkt erreicht im Bericht von der Gefangennahme, dem Prozess und der Kreuzigung Jesu. Alles ist in den dunkelsten Tönen gezeichnet; der Tod und die Finsternis werden anscheinend gewinnen. Jesus stirbt mit einem lauten Aufschrei. Den Leser überkommt das Gefühl: Das war es dann also mit der „guten Nachricht von Jesus Christus, dem Sohn Gottes", die uns am Anfang des Evangeliums versprochen wurde.

Ein dramatischer Umschwung
Dann jedoch schafft es Markus mit einer entscheidenden Wendung, die ganze trostlose Geschichte auf den Kopf zu stellen. Sein Bericht von der Auferstehung ist viel kürzer als in den anderen Evangelien – nur acht Verse im ursprünglichen Text. Doch die Botschaft ist dramatisch und eindeutig. Der himmlische Bote am leeren Grab sagt den Frauen: „Ihr sucht Jesus von Nazareth, den Gekreuzigten. Er ist nicht mehr hier. Er ist auferstanden." (16,6) Es gibt keine weiteren Ausführungen. Das wäre nicht Markus Stil. Für ihn liegt die Dramatik im Ereignis selbst. Tod und Finsternis haben nicht gesiegt. Das ist eine Geschichte mit „guter Nachricht". Jesus ist wirklich der Messias, der Sohn Gottes.

Lukas
Wie wir gesehen haben gibt Lukas, der Autor des dritten Evangeliums, sich in der Einleitung zu seinem Evangelium Rechenschaft über seine Arbeitsweise. Es sollte ein „gründlicher" Bericht werden, basierend auf dem Zeugnis der Augenzeugen. Sein Evangelium ist in einem wesentlich gepflegteren Sprachstil verfasst als die anderen, wie es sich für einen Experten gehört – Paulus berichtet, dass Lukas ein „Arzt" war.

Ein begabter Erzähler
Lukas ist ein begabter Erzähler, bei dem Gleichnisse lebendig und die Personen anschaulich und erkennbar werden. Nur er erzählt vom barmherzigen Samariter (10,25-37) und dem verlorenen Sohn (15,11-32), zwei außergewöhnliche Beziehungsgeschichten mitten aus dem Leben. Er scheint einen trockenen Humor zu haben – denken wir nur an die Geschichte vom unehrlichen Verwalter (16,1-9). Achten Sie einmal auf die feinen Einzelheiten in den Dialogen und das rätselhafte Ende der Erzählung. Oder das Gleichnis von den Talenten (19,11-27): Das Talent war damals eine Währungseinheit, und ein Talent war schon eine ordentliche Summe. Zehn Dienern wird je ein Talent anvertraut, und jeder soll mit seinem Kapital einen Gewinn erwirtschaften. Einer von ihnen ist ein vorsichtiger Sparer: Er wickelt das Geld in ein Tuch – steckt es also unter die Matratze. Als der Augenblick der Abrechnung gekommen ist, wird ihm das eine Talent genommen und einem Kolle-

gen gegeben, der zehn erwirtschaftet hatte. Nur Lukas überliefert uns den Kommentar der Menge, die Jesus bei der Geschichte zuhörte: „Herr, der hat doch schon genug!"

Ein Anliegen für die „Armen"
Lukas präsentiert Jesus mit den Augen eines „Heiden", also eines Christen, der aus einem nichtjüdischen Hintergrund kommt, aber auch als ein Biograf, der jene Charakterzüge darstellen möchte, die die anderen noch nicht dargestellt hatten. Er lenkt immer wieder die Aufmerksamkeit darauf, wie Jesus sich sorgt um die, die nichts haben, die sozialen Außenseiter und die Machtlosen. Es ist das Evangelium für und über

DAS ABENDESSEN IN EMMAUS

Der auferstandene Jesus erschien auf dem Weg zwei niedergeschlagenen Jüngern und wurde von ihnen zum gemeinsamen Abendessen eingeladen. Dieses wunderbare Bild hält jenen Augenblick fest, in dem Jesus dankt und das Brot bricht. An dieser Stelle, so erzählt Lukas, „wurden ihre Augen geöffnet und sie erkannten ihn" (Lukas 24,31; LÜ). Sie vergaßen ihre Müdigkeit, ignorierten die Dunkelheit und eilten zurück nach Jerusalem, um den anderen Jüngern zu berichten, was geschehen war und wie Jesus „von ihnen erkannt wurde, als er das Brot brach" (V. 35; LÜ)

Das Abendmahl in Emmaus, *von Michelangelo Merisi da Caravaggio (1573–1610)* die Armen, die Verachteten, die „Demütigen und Sanftmütigen". Und sein Evangelium ist das Evangelium für Frauen, die vom Anfang bis zum Ende eine bedeutende und wichtige Rolle spielen.

Wir könnten das Lukasevangelium auch als das des Paulus betrachten, denn Lukas war Paulus Gefährte auf einigen seiner Missionsreisen. Im Ansatz des Lukas finden wir eine Offenheit, um die ihn Paulus heimlich beneidet haben könnte. Das Lukasevangelium enthält viel Material, das auch Markus und Matthäus kennen. Exklusiv erzählt Lukas vor allem Gleichnisse und berichtet von Begegnungen nach der Auferstehung (inklusive der wunderbaren Geschichte vom Abendessen in Emmaus) und natürlich die Geburt von Johannes dem Täufer und Jesus.

Johannes

Das Johannesevangelium unterscheidet sich stark von den anderen drei, was der Leser sofort bemerkt. Matthäus beginnt seine Geschichte mit Abraham, Lukas mit der Geburt von Johannes dem Täufer, Markus in der Wüste Juda mit dem Wirken des Täufers. Johannes nimmt uns mit zurück zum „Anfang", zur Schöpfung selbst, mit einem prachtvollen Prolog, der die Inkarnation – die Erscheinung des Sohnes Gottes als menschliches Wesen – von der Ewigkeit her sieht.

Er macht die Leser mit dem „Wort" (griechisch: *Logos*) bekannt, das von Anfang an bei Gott war und selbst göttlich war. Durch dieses Wort wurde alles geschaffen und durch ihn begann das Leben. Das Wort ist außerdem ein Licht, das in der Finsternis der Welt scheint. Es berührt mit seinen Strahlen jedes menschliche Leben. Licht und Finsternis sind ja immer grundsätzliche, einander ausschließende Gegensätze – und das Licht siegt über die Finsternis.

„Das Wort" und die Welt

Das Wort war „in der Welt", wurde aber nicht von der Welt erkannt. Selbst „sein eigenes Volk" – also die Juden – nahmen das Wort nicht auf, obwohl diejenigen, die es aufnahmen, die Macht bekamen, „Kinder Gottes" zu werden. Schließlich, nachdem wir bis Vers 14 gewartet haben, merken wir, wer dieses „Wort" ist. „Das Wort wurde Mensch und lebte unter uns. Wir selbst haben seine göttliche Herrlichkeit gesehen, wie sie Gott nur seinem einzigen Sohn gibt. In ihm sind Gottes vergebende Liebe und Treue zu uns gekommen." Kurz gesagt, das „Wort" ist Jesus. Er allein würde Gott völlig bekannt machen: „Sein einziger Sohn, der in enger Gemeinschaft mit dem Vater lebt, hat ihn uns gezeigt."

Von dieser Einführung gelangen wir auf eher vertrautes Terrain: Johannes der Täufer tauft Jesus im Jordan. Von nun an hat die Geschichte einen vertrauten Klang für diejenigen, die in den anderen Evangelien gelesen haben, doch stets mit einem merklich anderen Tonfall und Ansatz. Nur eines der Wunder Jesu kommt in allen vier Evangelien vor, die Speisung der Fünftausend. In allen Fällen nennt Johannes sie nicht „Wunder", sondern „Zeichen", Hinweise und Offenbarungen im Blick auf die wahre Natur und Bedeutung Jesu. Das ganze vierte Evangelium hindurch spürt der Leser, dass es mehr gibt, als die Augen sehen. Das ist der wichtigste Anhaltspunkt für das Verständnis dieses Buches.

Ausschnitt aus dem Bild Die Taufe Christi *von Giotto di Bondone (ca. 1267–1337)*

„Mehr, als die Augen sehen"

Es gibt wirklich „mehr, als die Augen sehen", denn Johannes sieht die Geschichte Jesu durch die Glaubenserfahrungen der frühen Kirche. Obwohl einzig bei ihm jegliche Beschreibung des letzten Abendessens und der Einsetzung des Abendmahls fehlt, ist sein Evangelium zutiefst sakramental. Für ihn geht es bei der Speisung der Fünftausend allein um Jesus als das „Brot der Welt". Sein „Fleisch ist die wahre Speise" und sein Blut ist der „wahre Trank". Nichts kommt in seinem Evangelium allein deshalb vor, weil es „passiert". Es ist da, weil es *bedeutsam* ist und etwas Einzigartiges darüber erzählt, wer Jesus ist oder wieso er auf die Erde kam.

Ein einzigartiger Anspruch

Das Evangelium des Johannes jedoch erhebt den einzigartigen Anspruch, das Zeugnis eines der zwölf Apostel zu sein. Dieser eine wird im Evangelium identifiziert als der „geliebte Jünger" (siehe Johannes 21,24). Obwohl er nie mit Namen genannt wird, muss man kein Hercule Poirot sein, um ihn als Johannes, den Bruder des Jakobus und Sohn des Zebedäus auszumachen (Markus 1,19-20).

Wenn dieses Buch wirklich geschrieben wurde von einer solchen Person oder auf deren Zeugnis beruht, dann kommt ihm eine einzigartige Autorität zu. Wohl deshalb hielt man es seit frühester Zeit für das größte aller Evangelien.

Wir sollten das Johannesevangelium nicht als den präzisesten historischen Bericht über das Leben und die Worte Jesu lesen, weil das auch ganz klar nicht die Absicht des Autors war. Diese Biografie ist die Erinnerung eines engen Freundes, die nach langer Zeit niedergeschrieben wurde. Das zeigt deutlich, welchen entscheidenden Einfluss Jesus auf seine Jünger hatte. Vielleicht sind die Worte nicht wörtliche Mitschriften seiner Reden, aber sie vermitteln mit schonungsloser Ehrlichkeit die *Wirkung,* die sie auf die ersten Hörer hatten. Menschlich betrachtet kannte niemand Jesus besser als Johannes – vielleicht mit Ausnahme seiner Mutter. Hier in diesem Evangelium haben wir jenes Wissen destilliert durch Gespräche, Zeichen und Handlungen. Der „geliebte Jünger" sah das alles und bewahrte es in seinem Herzen. Jahrzehnte später gab er uns dieses unvergleichliche Zeugnis an die Hand. Wir können zuversichtlich sein, dass das Johannes-Evangelium seinen eigenen einzigartigen Einblick in die Persönlichkeit und die Wirkung Jesu enthält; selbst dann, wenn jemand anderes (vielleicht einer der „Jünger" des Johannes) sich als Sekretär betätigt hat.

Der Zugang zu den Evangelien

Wie sollte sich der moderne Leser den Evangelien nähern? Ein Vorschlag wäre, mit dem ältesten und kürzesten, dem Markusevangelium, zu beginnen und danach das Matthäusevangelium zu lesen, um die Geschichte in den Zusammenhang der ganzen Bibel zu stellen. Wenn Sie das getan haben, sind Sie bereit für den nüchternen und präzisen Dr. Lukas mit seinem Auge für Personen und Geschichten und dem Anliegen, alles in einen historischen Rahmen zu setzen. Schließlich können Sie sich dem Leckerbissen zuwenden, dem Johannesevangelium. Genießen Sie die sieben „Zeichen" – die anderen Evangelien nennen sie Wunder – und die einprägsamen Aussprüche, die mit den Worten beginnen: „Ich bin …": „Ich bin das Licht der Welt", „Ich bin der gute Hirte", „Ich bin der Weg, die Wahrheit und das Leben", „Ich bin der Weinstock, ihr seid die Reben", „Ich bin das Brot des Lebens", „Ich bin die Auferstehung und das Leben", und so weiter.

Die Persönlichkeit und der Charakter Jesu

Was immer sie auch sein mögen, langweilig sind die Evangelien nicht. Die meisten Leser, die sie zum ersten Mal betrachten, sind hingerissen von der Persönlichkeit und dem Charakter Jesu, der sich auf diesen Seiten entfaltet. Ich erinnere mich daran, wie ich vor vielen Jahren einen jungen Sänger einlud, zur Vorbereitung seiner Rolle die vier Evangelien zu lesen – er sollte nämlich in dem Musical *Jesus Christ Superstar* im Londoner West End den Part des Jesus spielen. Er hatte sie nie zuvor gelesen, schon gar nicht als zusammenhängende Erzählungen. Die Wirkung, die das auf ihn hatte, war – vorsichtig ausgedrückt – radikal.

Das genau war die Absicht der Evangelisten. Diese Bücher wollen überzeugen. Sie wollen keine Diskussionsbeiträge und keine fiktiven Geschichten sein, sondern nachweisen, wer Jesus wirklich ist. Hier sind die Zeugen des vielleicht begeisterndsten und einflussreichsten Lebens, das je auf diesem Planeten gelebt wurde. Ihre Geschichte ist es wert, dass sie erzählt wird, und uneingeschränkt würdig, gelesen zu werden.

7
WEISHEIT UND WEISE SPRÜCHE

Die meisten religiösen Schriften des Altertums sind voller „weiser Sprüche". Einige Religionen wie z. B. der Konfuzianismus basieren ausschließlich auf solchen Lehren, und die Anhänger bemühen sich, ihr Leben nach den Grundsätzen und der Weisheit des Gründers zu gestalten. In der Mitte des Alten Testaments treffen wir auf ähnliche Lehren, von denen viele Salomo, dem Sohn König Davids, zugeschrieben werden.

DIE WEISHEIT SALOMOS

Im Buch Samuel lesen wir, dass Salomo, als er den Thron bestieg, von Gott das Angebot unterbreitet bekam, um irgendetwas zu bitten. Der neue König bat um Weisheit. Weil er weder um Reichtum oder ein langes Leben gebeten hatte, erfüllte der Herr freudig diese Bitte. Von da an war Salomos Weisheit sprichwörtlich.

Als die Königin von Saba ihm einen Besuch abstattete, war sie beeindruckt von dem Reichtum in seinem Königreich und der Weisheit, mit der er es regierte. Wenn man sein Leben betrachtet, war er allerdings nicht immer ganz so „weise": Er erzeugte ein großes Durcheinander durch seine Ehen und versuchte sich in den religiösen Praktiken der benachbarten Kulturen.

Weisheit im Einsatz für zwei Frauen
Die Geschichte vom sprichwörtlichen „Salomonischen Urteil" erzählt von Salo-

mos Weisheit: Zwei Frauen brachten ein kleines Baby zu ihm und behaupteten beide, dass es ihres sei. Salomo befahl, das Baby in zwei Hälften zu teilen und jeder der Frauen eine Hälfte zu geben. Über diesen Plan war eine der Frauen so entsetzt, dass sie ihren Anspruch aufgab und das Baby lieber der anderen Frau geben wollte. Salomo dagegen entschied, dass sie das Baby bekommen solle, denn ihre Reaktion hatte gezeigt, dass sie die wahre Mutter war (1. Könige 3,16-27). Ein DNA-Test könnte zu keinem besseren Ergebnis kommen!

Salomo und die Königin von Saba, von Claude Vignon (1593–1670). Die Königin von Saba, Regentin des Volkes der Sabäer im süd-westlichen Arabien, besuchte den Hof des Königs Salomo – vielleicht in der Hoffnung, Geschäftsbeziehungen zur wachsenden Wirtschaft Israels zu knüpfen. Bleibenden Eindruck hinterließen bei ihr vor allem die Weisheit und der Reichtum des Königs (1. Könige 10,1-9).

Gesunder Menschenverstand

Das Buch der Sprüche beginnt mit dem Hinweis: „Die folgenden Lebensweisheiten sind in Sprüche gefasst von Salomo, dem Sohn Davids und König von Israel". Dann folgen buchstäblich hunderte von weisen Sprüchen, meist in der Form hebräischer Verse. Ergänzt werden sie von über 50 Sprüchen von „Agur, dem Sohn Jakes" und König Lemuel; beide waren wohl Führer im Volk der Massa. Diese Zusätze und auch Ähnlichkeiten zu ägyptischer Spruchweisheit zeigen, dass die Weisheitsliteratur anderer Kulturen sehr wohl in den biblischen Text eingebaut werden konnte.

Die Sprüche greifen viele Themen auf. Einige sind sehr bekannt: „Beobachte die Ameise, du Faulpelz; Nimm dir ein Beispiel an ihnen." (6,6) Viele sind wahrhaft poetisch, wie diese Verse aus den Sprüchen Agurs (Sprüche 30,18.19):

Drei Dinge sind mir rätselhaft, und auch das Vierte verstehe ich nicht: der Flug des Adlers am Himmel, das Schleichen der Schlange über einen Fels, die Fahrt des Schiffes über das tiefe Meer und die Liebe zwischen Mann und Frau.

Hieran sieht man, dass nicht alle Sprüche eine tiefe religiöse Botschaft haben. Vielmehr haben wir es oft mit einem geheiligten, gesunden Menschenverstand zu tun. Mit einigen Sprüchen tun wir uns

„Beobachte die Ameisen, du Faulpelz! Nimm dir ein Beispiel an ihnen." So sagt es das Buch der Sprüche (6,6). Ein typisches Beispiel für bodenständige Weisheit.

in der modernen westlichen Kultur naturgemäß schwer, etwa: „Wer sein Kind nie schlägt, der liebt es nicht" (Sprüche 13,24). Hier gilt es wieder, sich vor Augen zu führen, dass wir es mit Texten für und von einer antiken Kultur zu tun haben (Wobei sich an dem Grundsatz, dass Elternliebe auch Grenzen aufzeigen muss, nichts geändert hat). Doch die meisten Sprüche sind zeitlose und einsichtige Wahrheiten über das menschliche Leben mit allen seinen Schwächen. Weisheitssprüche wollen mit grundsätzlichen Aussagen zeigen, wie das Leben normalerweise funktioniert und wie man „weise" lebt. Man darf sie allerdings nicht als verbindliche Regeln betrachten − nicht immer ist der Fleißige erfolgreich und der Arme faul.

GÖTTLICHE WEISHEIT

Hinter diesen jüdischen „weisen" Schriften schimmert ein verborgenes Konzept hervor, eine Weisheit von besonderer Qualität. Das Buch der Sprüche betrachtet die Weisheit wie eine Person, sie wird als die erste Schöpfungstat Gottes und als Assistent oder Mitarbeiter bei der weiteren Schöpfung bezeichnet (8,22-31). Weisheit war beteiligt, als die Berge, die Fundamente der Erde, der Erdboden, das Meer und die geheimnisvollen Gewässer gebildet wurden. Gottes Weisheit gehört ebenso zu seiner Natur wie seine Heiligkeit oder seine Gerechtigkeit. Gott ist weise. Wenn es zutrifft, dass Wissen Macht bedeutet, dann hat Gott, der alles weiß, absolute Macht.

Einige Beispiele für „Weisheit" im Alten Testament

Von Geburt an gehört zum Menschsein die Mühe, so wie zum Feuer die Funken gehören. (Hiob 5,7)

Wenn Gott selbst dein kostbarer Schatz ist, dann bedeutet er dir mehr als alles Gold und Silber. ER wird die Quelle deiner Freude sein, und du kannst wieder zu ihm aufschauen. (Hiob 22,25-26)

Weise ist, wer Ehrfurcht vor mir hat, und Einsicht besitzt, wer sich vom Bösen abkehrt. (Hiob 28,28)

Verlass dich nicht auf deine eigene Urteilskraft, sondern vertraue voll und ganz dem Herrn! Denke bei jedem Schritt an ihn; er zeigt dir den richtigen Weg und krönt dein Handeln mit Erfolg. (Sprüche 3,5-6)

Nur eins im Leben ist wirklich wichtig: Werde weise! Werde verständig! Kein Preis darf dir zu hoch dafür sein. (Sprüche 4,7)

Erfreue dich an deiner Frau, die du als junger Mann geheiratet hast. Bewundere ihre Schönheit und Anmut! Berausche dich immer wieder an ihren Brüsten und an der Liebe, die sie dir schenkt! (Sprüche 5,18-19)

Beobachte die Ameisen, du Faulpelz! Nimm dir ein Beispiel an ihnen ... „Lass mich noch ein bisschen schlafen", sagst du, „nur noch ein Weilchen!" – und während du dich noch ausruhst, ist die Armut plötzlich da, und die Not überfällt dich wie ein Räuber. (Sprüche 6,6.10.11)

Unrecht erworbener Besitz schadet nur, aber Ehrlichkeit rettet vor dem Verderben. (Sprüche 10,2)

Ein Dummkopf weiß immer alles besser, ein Kluger nimmt auch Ratschläge an. (Sprüche 12,15)

Wenn ein verständiger Mensch mit einem unverbesserlichen einen Rechtsstreit führt, dann lacht dieser nur, oder er fängt an zu toben – aber sagen lässt er sich nichts! (Sprüche 29,9)

Nur ein Dummkopf lässt seinem Zorn freien Lauf, ein Verständiger hält seinen Unmut zurück. (Sprüche 29,11)

Anmut kann täuschen, und Schönheit vergeht wie der Wind – doch wenn eine Frau Gott gehorcht, verdient sie Lob. (Sprüche 31,30)

Jedes Ereignis auf der Welt hat seine Zeit. (Prediger 3,1)

Was immer sich auch ereignet oder noch ereignen wird – alles ist schon einmal da gewesen. Gott lässt von neuem geschehen, was in Vergessenheit geriet. (Prediger 3,15)

Wie das Krachen der Dornen unter den Töpfen, so ist das Lachen der Toren. (Prediger 7,6; LÜ)

Frag nicht: „Warum war früher alles besser?" Damit zeigst du nur, wie wenig Weisheit du besitzt. (Prediger 7,10)

Ich habe beobachtet, wie es auf dieser Welt zugeht: Nicht die Schnellen gewinnen den Wettlauf und nicht die Starken den Krieg. Weisheit garantiert noch keinen Lebensunterhalt, Klugheit führt nicht immer zu Reichtum, und die Verständigen sind nicht unbedingt beliebt. Sie alle sind gefangen in der Zeit, ein Spielball des Schicksals. (Prediger 9,11)

Es ist besser, auf die bedächtigen Worte eines Weisen zu hören als auf das Geschrei eines Königs von Dummköpfen. (Prediger 9,17)

Setz dein Hab und Gut ein, um Handel zu treiben, und eines Tages wird es dir Gewinn bringen. (Prediger 11,1)

DIE WEISHEIT DES JUNGEN JESUS

Als Jesus zwölf Jahre alt war, begleitete er seine Eltern nach Jerusalem. Dieser Besuch könnte mit seiner Bar Mizwa zusammengefallen sein. Als die Familie wieder nach Nazareth aufbrach, blieb Jesus unbemerkt im Tempel zurück. Er „saß bei den Schriftgelehrten, hörte ihnen aufmerksam zu und stellte Fragen. Alle wunderten sich über sein Verständnis und seine Antworten" (Lukas 2,46-47). Als seine Eltern ihn endlich fanden, waren sie ärgerlich, doch Jesus antwortete ihnen gelassen, dass sie damit hätten rechnen müssen, ihn im Haus seines Vaters zu finden.

Zu guter Letzt lasst uns das Wichtigste von allem hören: Begegne Gott mit Ehrfurcht, und halte seine Gebote. (Prediger 12,13)

Jesus und die Weisheit

Der Apostel Paulus nennt Jesus „die Weisheit Gottes", was Jesus direkt verbindet mit dem Konzept von Weisheit, das uns in den hebräischen Schriften begegnet ist. Besonders die Einleitung des Johannesevangeliums, die wir im vorigen Kapitel betrachtet haben, stellt diese Verbindung ausdrücklich her.

Das Buch Sprüche behauptet: „Als er (Gott) die Fundamente der Erde legte, da war ich (die Weisheit) als Kind an seiner Seite. Ich erfreute mich an Gott und seinen Werken" (Sprüche 8,29-30). Wir können das vergleichen mit der Formulierung im Johannesevangelium: „Alles wurde durch das Wort (Jesus) geschaffen, und nichts ist ohne das Wort geworden" (Johannes 1,3). Paulus verwendet in seinem Brief an die Gemeinde in Kolossä ganz ähnliche Formulierungen und Bilder im Blick auf Jesus: „Durch ihn (Jesus)

Christus unter den Schriftgelehrten, Ausschnitt eines Bildes von Bernardino Pinturicchio (ca. 1452–1513) ist alles erschaffen, was im Himmel und auf der Erde ist" (Kolosser 1,16). Wie wir gesehen haben, war „Weisheit" viel mehr als nur ein Charakterzug oder eine Eigenschaft der Autoren des Alten Testaments. Sie war eher wie ein Individuum – vielleicht eine Art Personifikation eines Wesenszuges Gottes. Für die Autoren des Neuen Testaments wurde Jesus diese „Weisheit in Person".

Die Evangelien berichten mehrfach, dass die Zuhörer sehr beeindruckt waren von dem, was er lehrte, „denn anders als ihre Schriftgelehrten redete Jesus mit Vollmacht" (Markus 1,22). Sie merkten, dass er nicht nur wie ihre religiösen Lehrer vorhandene Gesetze und Weisheiten erklärte und anwendete. Er besaß vielmehr die Vollmacht, einen neuen und einzigartigen Weg zu Gott zu lehren.

Eine seiner eindrucksvollsten Aussagen zum Thema Weisheit finden wir in Matthäus 11,25-27: „Jesus betete: ‚Mein Vater, Herr über Himmel und Erde! Ich danke dir, dass du die Wahrheit vor den Klugen und Gebildeten verbirgst und sie den Unwissenden enthüllst. Ja, Vater, so entspricht es deinem Willen. Mein Vater hat mir alle Macht gegeben. Nur der Vater kennt den Sohn. Und nur der Sohn kennt den Vater und jeder, dem der Sohn ihn zeigt.'"

Diese Worte helfen uns zu verstehen, wieso der Apostel Paulus einen entscheidenden Unterschied macht zwischen der „Weisheit dieser Welt" und der „Weisheit Gottes". Erstere führt Menschen in Stolz und Irrtum. Letztere ist – auch wenn sie in den Augen der Ungläubigen wie Dummheit aussieht – eine göttliche Quelle der Kraft. Der Apostel entfaltet das sehr eindrucksvoll in seinem ersten Brief an die Gemeinde in Korinth (1,17-25).

„Wahrlich, wahrlich"

Ganz praktisch griff Jesus in seiner Lehre oft Elemente der Weisheitsrede im Alten Testament auf, besonders von den Propheten. Oftmals erzählte Jesus ein Gleichnis und brachte dann seine Botschaft mit einer kurzen Zusammenfassung auf den Punkt, die mit den griechischen Worten „Amen, Amen" – „wahrlich, wahrlich" – eingeleitet wurden. Es war, als ob er seinen Zuhörern sagen wollte: „Das ist die Schlagzeile. Merkt sie euch. Denkt darüber nach. Sagt sie euch immer wieder vor. Am Ende werdet ihr die Bedeutung verstehen!"

Ein gutes Beispiel finden wir in Matthäus 19,16-24. Die Geschichte ist einfach, doch steckt sie für die Jünger offensichtlich voller Probleme. Sie hatten stets gelernt und geglaubt, dass Reichtum und Wohlstand ein Zeichen für den Segen Gottes wären und nicht ein Hindernis auf dem Weg ins Königreich. Doch hier erklärte Jesus einem reichen Mann, dass seine Reichtümer keineswegs ein Segen wären, sondern ihn vom Reich Gottes ausschließen würden. Als der Mann, der diese Frage aufgeworfen hatte, „traurig" davonging, gebrauchte Jesus sein „wahrlich", um auf die geistliche Wahrheit hinzuweisen, die hinter seinen Worten stand. Hier ist der vollständige Text:

Ein junger Mann kam mit der Frage zu Jesus: „Lehrer, was muss ich Gutes tun, um das ewige Leben zu bekommen?" Jesus entgegnete: „Wieso fragst du mich nach dem Guten? Es gibt nur einen, der gut ist, und das ist Gott. Du kannst ewiges Leben bekommen, wenn du Gottes Gebote befolgst." „Welche denn?" fragte der Mann, und Jesus antwortete: „Du sollst nicht töten! Du sollst nicht die Ehe brechen. Du sollst nicht stehlen! Sag nichts Unwahres über deine Mitmenschen! Ehre deinen Vater und deine Mutter, und liebe deinen Mitmenschen wie dich selbst." „Daran habe ich mich immer gehalten! Was muss ich denn noch tun?" wollte der junge Mann wissen. Jesus antwortete: „Wenn du vollkommen sein willst, dann verkauf, was du hast, und gib das Geld den Armen. Damit wirst du im Himmel einen Reichtum gewinnen, der niemals verloren geht. Und dann komm, und folge mir nach." Als der junge Mann das hörte, ging er traurig weg, denn er war sehr reich. Da sagte Jesus zu seinen Jüngern: „Eins ist sicher (wörtlich: „Wahrlich, ich sage euch"): Ein Reicher hat es sehr schwer, in Gottes neue Welt zu kommen. Eher geht ein Kamel durch ein Nadelöhr, als dass ein Reicher in Gottes neue Welt kommt."

Der „Hust-und-Pust-Test"

Es gibt noch eine erwähnenswerte Besonderheit in den Evangelien. Der Neutestamentler und Gelehrte Richard France nannte es den „Hust-und-Pust-Test". Wenn Sie einem Kind die Geschichte von den *drei kleinen Schweinen* erzählen, dann gibt es nur eines, was die Geschichte unverkennbar macht: der Refrain, den der große böse Wolf immer dann spricht, wenn er sich einem der Häuser der Schweine nähert: „Ich huste und ich puste und ich blase dein Haus um." Lassen Sie diesen Satz weg, und die Geschichte ist nicht mehr die Geschichte!

In vielen Geschichten der Evangelien gibt es einen Satz, der in allen Berichten gleich lautet. Vielleicht hängt es damit zusammen, dass man sich an diesen Satz am besten erinnern konnte, als die Geschichten am Anfang noch mündlich weitergegeben wurden. Bei der Speisung der Fünftausend heißt das Schlagwort: „Alle aßen sich satt". Auch Johannes hat diese Aussage notiert. Der Bericht von der Verklärung Jesu (Markus 9,8 u. a.) endet immer mit den Worten: „Als sich die Jünger umsahen, waren sie plötzlich mit Jesus allein". Ähnlich verhält es sich mit der Geschichte, in der Jesus die Händler aus dem Tempel jagt. Alle enden mit dem Vorwurf Jesu: „Mein Haus soll ein Bethaus heißen für alle Völker. Ihr aber habt eine Räuberhöhle daraus gemacht." (Markus 11,17 u. a.; LÜ)

Diese Kern- oder Schlüsselsätze heben den Gedanken hervor, der uns im Gedächtnis bleiben soll – ähnlich wie die Formel „wahrlich, wahrlich". In der Geschichte von dem jungen, reichen Mann ist es der Spruch über das Nadelöhr. Sie mögen vielleicht die Einzelheiten der Geschichte vergessen, aber niemals diese elende Nadel!

Eigenheiten der jüdischen Sprache

Seit ich im Rundfunk mit einigen bekannten jüdischen Rednern zusammengearbeitet habe, bin ich vertraut mit einigen der „Merkmale", die charakteristisch sind für ihre Ausdrucksweise. Sie beantworten zum Beispiel eine Frage mit einer Frage oder erzählen eine Geschichte zur Veranschaulichung und geben absichtlich keine Anwendung dazu. Die Parallelen zu Jesus als Lehrer waren für mich augenscheinlich. Oft reagierte er auf eine Frage mit einer anderen Frage (z. B. Lukas 20,1-4). Sehr oft endeten seine „Gleichnisse" ohne einen Hinweis auf ihre Anwendung, stattdessen aber mit der Bemerkung: „Wer Ohren hat zu hören, der höre" (LÜ). Das ist so, als ob er sagen würde: „Da ist die Geschichte. Jetzt mache etwas daraus!"

Manchmal spiegelt die „Weisheit" Jesu sehr genau den Stil der hebräischen Sprichwörter wider. „Wenn nun ein Blinder einen anderen Blinden führen will, werden beide in den Abgrund stürzen!" (Matthäus 15,14) „Und doch ist die Weisheit gerechtfertigt worden von allen ihren Kindern." (Lukas 7,35; LÜ) „Niemand füllt jungen, gärenden Wein in alte, brüchige Schläuche." (Matthäus 9,17) „Weintrauben kann man nicht von Dornbüschen und Feigen nicht von Disteln ernten … Ihr werdet sie an ihren Taten erkennen." (Matthäus 7,16) Uns wird viel von der „Würze" in den Lehren Jesu entgehen, wenn wir nicht erkennen, dass er ein Jude war, der fest in der Tradition seiner Kultur stand – so sehr ihm auch klar war, dass diese Kultur eine Erneuerung brauchte. Wenn Sie versuchen, den Juden aus Jesus zu entfernen, bleibt Ihnen nur noch ein blasser Schatten.

Markante Sprüche

Diese Beispiele zeigen, wie sehr Jesus in bestimmten Situationen mit seiner Art zu lehren den Verfassern der alttestamentlichen Weisheitsliteratur ähnelte. Jesus lehrte im Stil eines jüdischen Rabbis seiner Zeit. Er stellte Fragen und beantwortete sie. Er liebte die Ironie. Seine Lehren waren gespickt mit Geschichten, Anekdoten und mit kurzen Sprüchen, die man leicht behalten konnte. Jesus kannte den Wert von Geschichten – und auch der Ironie und Übertreibung. Denken wir doch nur an seinen spöttischen Vergleich: „Warum siehst du jeden kleinen Splitter im Auge deines Bruders, aber den Balken in deinem eigenen Auge bemerkst du nicht?" (Matthäus 7,3).

All das zeigt, wie genial Jesus als Lehrer war. Große Volksmengen kamen und nach den Evangelien „hingen sie an seinen Worten". Jesus verkündete eine revolutionär neue Botschaft, wenn auch auf jüdische Weise.

EINIGE BEISPIELE FÜR DIE WEISHEIT JESU

Glücklich sind, die Frieden stiften, denn Gott wird sie seine Kinder nennen. (Matthäus 5,9)

Ihr seid für die Welt wie Salz. Wenn das Salz aber fade geworden ist, wodurch soll es seine Würzkraft wiedergewinnen? (Matthäus 5,13)

Ich sage euch: Liebt eure Feinde und betet für alle, die euch verfolgen! (Matthäus 5,44)

Auch ihr könnt nicht gleichzeitig für Gott und das Geld leben. (Matthäus 6,24)

Nehmt euch in Acht vor denen, die in Gottes Namen auftreten und falsche Lehren verbreiten! Sie tarnen sich als sanfte Schafe, aber in Wirklichkeit sind sie reißende Wölfe. Wie man einen Baum an seiner Frucht erkennt, so erkennt man sie an dem, was sie tun. (Matthäus 7,15-16)

Wer mir nachfolgen will, der darf nicht mehr sich selbst in den Mittelpunkt stellen, sondern muss sein Kreuz auf sich nehmen und mir nachfolgen. (Matthäus 16,24)

Wenn ihr euch nicht ändert und werdet wie die Kinder, kommt ihr nie in Gottes neue Welt. (Matthäus 18,3)

Lasst die Kinder zu mir kommen und haltet sie nicht zurück, denn für Menschen wie sie ist Gottes neue Welt bestimmt. (Matthäus 19,14)

Ebenso füllt niemand jungen, gärenden Wein in alte, brüchige Schläuche. Sonst platzen sie, der Wein läuft aus, und die Schläuche sind unbrauchbar. Nein, jungen Wein füllt man in neue Schläuche. (Markus 2,22)

Nicht, was ein Mensch zu sich nimmt, macht ihn unrein, sondern das, was er von sich gibt. (Markus 7,15)

Darum verlässt ein Mann seine Eltern und verbindet sich so eng mit seiner Frau, dass die beiden eins sind mit Leib und Seele. Sie sind also eins und nicht

PAULUS, DER BRIEFSCHREIBER

Die Briefe des Paulus dürften größtenteils von Sekretären niedergeschrieben worden sein. Einige von ihnen nennt er namentlich – z. B. Tertius als Schreiber des Römerbriefes (Römer 16,22). Gelegentlich fügte er selber den Schluss hinzu: „Wie ihr an den großen Buchstaben sehen könnt, schreibe ich diesen Brief eigenhändig zu Ende" (Galater 6,11). Das war sozusagen die Unterschrift, die beweisen sollte, dass der Brief tatsächlich von ihm stammte. Briefe wurden von Boten überbracht, was natürlich meist Tage oder Wochen gedauert haben wird. Die meisten seiner Briefe sollten auch in anderen Gemeinden in der Umgebung verlesen werden (vgl. Kolosser 4,16; der hier erwähnte Brief an die Gemeinde in Laodizea ist verloren gegangen).

Einige von ihnen, besonders der 1. Korintherbrief, waren eindeutig eine Antwort auf Briefe, die er von Gemeindeleitern erhalten hatte. Es wäre sicher faszinierend, auch diese Briefe lesen zu können.

Der Tempel des Hadrian in Ephesus, heutige Türkei. Ephesus war das Ziel eines wichtigen Briefes des Apostels Paulus und ein strategisches Zentrum während seiner Missionsaktivitäten in Kleinasien. Vielleicht lebten hier auch viele Jahre lang der Apostel Johannes und Maria, die Mutter Jesu.

länger zwei voneinander getrennte Menschen. Was Gott zusammengefügt hat, soll der Mensch nicht scheiden. *(Markus 10,7-9)*

Wenn jemand dir eine Ohrfeige gibt, dann halte die andere Wange auch noch hin. Wenn dir einer den Mantel wegnimmt, dann weigere dich nicht, ihm auch noch das Hemd zu geben. *(Lukas 6,29)*

Denn im Haus meines Vaters gibt es viele Wohnungen. Sonst hätte ich euch nicht gesagt: Ich gehe hin, um dort alles für euch vorzubereiten. *(Johannes 14,2)*

Und das allein ist ewiges Leben: dich, den einen wahren Gott, zu erkennen und Jesus Christus, den du gesandt hast. *(Johannes 17,3)*

DIE WEISHEIT BEI PAULUS

Wenn ein Bibelleser die Schreiben des Apostels Paulus liest, trifft er auf eine völlig andere Literaturgattung. Es sind 14 Briefe, die an Gemeinden oder Einzelpersonen adressiert sind. Es sind Briefe, *echte* Schriftwechsel, die manchmal an einzelne Personen (z. B. Timotheus) adressiert sind, meistens aber an eine Gemeinde. In der Regel sollten sie laut vorgelesen werden. Sie geben einen faszinierenden Einblick in die Persönlichkeit und den Glauben des Paulus und auch in das Leben dieser frühen christlichen Gemeinden.

Briefe sind persönlich

Leider sind uns keine Briefe erhalten, die *an* Paulus geschrieben wurden, jedoch ist es offensichtlich, dass er manchmal auf ein spezielles Anliegen oder eine Frage antwortet, die man ihm vorgelegt hatte. Es ist wichtig, diese Briefe so zu lesen, wie es ihre ursprünglichen Empfänger getan hätten. Sie richten sich an konkrete Personen an konkreten Orten und behandeln konkrete Themen. Man kann deshalb nicht als selbstverständlich voraussetzen, dass alles, was für die Gemeinde in Korinth in der Mitte des ersten Jahrhunderts gilt, auch ebenso 2000 Jahre später eins-zu-eins auf eine Gemeinde in Hamburg übertragbar ist. Das wäre noch nicht einmal so bei einer anderen Gemeinde an einem anderen Ort in Griechenland oder Kleinasien zur Zeit der Apostel. Es lässt sich beobachten, dass Paulus zu den verschiedenen Gemeinden ein unterschiedliches Verhältnis hatte: Einigen vertraute er völlig, andere hielt er noch für unreif; sie brauchten eine starke Führung.

Der erste christliche „Theologe"

Vor uns entsteht ein Bild von Paulus als einem hochintelligenten, gut ausgebildeten Juden des ersten Jahrhunderts, leidenschaftlich und manchmal mit dem Hang zu Ungeduld oder Zorn, der sich voll und ganz dafür einsetzt, einen Glauben weiterzugeben, zu dem er selbst erst nach schmerzlichen und traumatischen Erfahrungen gefunden hatte. Paulus denkt tiefgründig darüber nach, welche Konsequenzen das Kommen des Messias für die Welt haben musste und welche Bedeutung Jesu Leben, seine Lehre, sein Tod und seine Auferstehung hatten. Wenn Sie wollen: Er ist der erste christliche „Theologe".

Entsprechend lässt sich nicht alles, was er schreibt, leicht verstehen, wie schon Petrus festgestellt hat (2. Petrus 3,16). Einiges ist wirklich anspruchsvolle Theologie und ohne Hintergrundwissen nur schwer zu verstehen. Doch überwiegend haben diese Briefe so viel Leben und Energie, man könnte sagen „Charme", dass man ermutigt ist, selbst an den unklarsten Stellen weiterzulesen.

Paulus war ein jüdischer Gelehrter, der auf einer Reise von Jerusalem nach Damaskus zum Christentum bekehrt wurde (woher das Sprichwort „Damaskus-Erlebnis" stammt). Er hatte die Vollmacht der jüdischen Hohenpriester, dort Christen aufzuspüren und dann zu verhaften. Unterwegs wurden er und seine Begleiter von einem hellen Licht gestoppt. Paulus, geblendet von dem Licht, hörte eine Stimme, die sich als die Stimme Jesu zu erkennen gab und ihn aufforderte, nicht mehr „wider den Stachel zu löcken" (auszuschlagen). Er sollte nach Damaskus weiterreisen, wo ihm ein Mann mit Namen Ananias die Hände auflegen und ihn heilen würde.

Ein überzeugender Anwalt

Damals wurde Paulus in Damaskus als Christ getauft und seit dieser Zeit zum Anwalt für die Sache Jesu, die er zuvor noch ausradieren wollte. Über die ersten Jahre nach seiner Bekehrung wissen wir wenig, nur, dass er nach Arabien reiste. Nach einigen Jahren begann er ein neues Leben als christlicher Missionar und Lehrer. Man erkannte ihn als Apostel Jesu Christi an, auch wenn er – anders als die anderen Apostel – Jesus nie zu Lebzeiten getroffen hatte. Er berief sich darauf, dem auferstandenen Jesus begegnet zu sein.

Im Lauf dieser Arbeit gründete Paulus viele kleine christliche Gemeinden. Seine Briefe schrieb er, um sie zu ermutigen oder zu unterweisen, wobei wir auch viel über Paulus selbst erfahren: Er war ledig und verdiente seinen Lebensunterhalt als Zeltmacher, was den Vorteil hatte, dass er überall arbeiten konnte. Wo er konnte, lebte er für sich selbst nach dem jüdischen Gesetz – kämpfte aber leidenschaftlich dafür, dass die nichtjüdischen Christen dies nicht zu tun brauchten. Er wird zu Unrecht vielfach für engstirnig und freudlos gehalten und als Frauenfeind bezeichnet, und man unterstellt ihm gerne, er hätte die einfache, praktische Lehre Jesu in ein kompliziertes dogmatisches System umgebogen.

Tatsächlich begegnet uns in seinen Briefen ein Mann, der in anderen viel Liebe und Zuneigung hervorrief und auch selbst immer wieder seine Gefühle für andere zum Ausdruck brachte. Vor dem Kontext des ersten Jahrhunderts betrachtet war er absolut kein Frauenfeind oder engstirniger Fanatiker, sondern tolerant und großherzig. Er hatte einen

leidenschaftlichen Glauben an Jesus Christus und eine warme Zuneigung zu Menschen, die er in den Gemeinden Kleinasiens kennengelernt
hatte. Für ihn gab es in Christus weder „Juden oder Griechen, Sklaven
oder Freie, Männer oder Frauen ... In Christus seid ihr alle eins." (Galater 3,28) Das waren in jener Zeit revolutionäre Worte!

Sklaven und Frauen

Bestimmt fand es Paulus – wie auch viele von uns – schwierig, seine
hohen, christlichen Ideale an die Situation anzupassen, in der er sich
befand. In einer Gesellschaft, in der Sklaverei normal war und viele
behaupteten, die Wirtschaft würde ohne sie zusammenbrechen, sah er
in einem Christen, der Sklave war, den Bruder. Gleichzeitig konnte
und wollte er nicht zur Revolution gegen die Sklaverei aufrufen. (Von
seinem Ringen in dieser Frage lesen wir in seinem Brief an den Christen Philemon, dessen Sklave geflohen war und der dann zum Glauben
fand.)

Ebenso konnte er in einer Gesellschaft, die Frauen über den
„Schmuck" und das Kinderkriegen hinaus nur geringes Ansehen ge-
währte, energisch beteuern, dass die Unterschiede der Geschlechter in
Gottes Augen „nichts" seien, musste jedoch im Gemeindealltag der damaligen Kultur Respekt zollen. Es muss allerdings gesagt werden, dass
er Frauen in seinen Briefen immer als Kollegen und wertvolle Partner
im Dienst bezeichnet. (Vgl. hierzu vor allem den Brief an die Philipper.)

Alles in allem war er ein Mann seiner Zeit, der gleichzeitig seiner
Zeit weit voraus war. Wenn man seine Briefe liest, die oft leidenschaftlich und gefühlvoll, manchmal eher akademisch und genau durchdacht
sind, kann man das Bild einer Person erkennen, die enorm begabt und
überaus intelligent war und sich ihrem Auftrag nahezu rücksichtslos
hingab. Paulus war das zentrale Bindeglied zwischen der jüdischen Welt
Jesu und der großen griechisch-römischen Welt seiner Tage.

HAT PAULUS DAS EVANGELIUM VERÄNDERT?

Nun sind aber doch noch ein- oder zwei Anmerkungen nötig zu der
kursierenden Meinung, dass das Evangelium des Paulus eine Verfäl-
schung oder Verzerrung oder eine unnötige Ausweitung der „einfachen"
Botschaft Jesu sei. Erstens war die Lehre Jesu nicht „einfach", auch
wenn er sie oft in einfachen Geschichten und Sprüchen vermittelte.

Niemand, der z. B. die Bergpredigt gelesen hat (Matthäus 5-7), wird sie als „einfach" bezeichnen.

Zweitens gilt es zu beachten, dass die Evangelisten Markus und Lukas Freunde und Mitarbeiter von Paulus waren. Wenn er in subtiler Weise versucht haben sollte, die Botschaft und Bedeutung von Jesus umzudeuten, muss er das offensichtlich gut vor den beiden verborgen haben. Seine Briefe waren geschrieben und er war bereits in Rom hingerichtet worden, als Markus sein Evangelium niederschrieb. Es ist daher wesentlich wahrscheinlicher, dass Paulus dasselbe Evangelium glaubte und lehrte, es aber anwendete auf das Leben der neuen Gemeinden und der jungen Christen, die meistens keinen jüdischen Hintergrund hatten, und es dabei auch intellektuell unterfütterte. Mit etwas Abstand von den Ereignissen konnte er sehen, wie sich Jesu Kommen und besonders sein Tod und seine Auferstehung in Gottes Heilsplan fügten. In seinen Briefen, besonders dem Römerbrief, entfaltet Paulus grundsätzlich die Grundlagen christlicher Theologie, indem er sich mit der Bedeutung von Gesetz und Gnade auseinandersetzt (mehr dazu in der Kompakt-Bibel).

Wenn die Botschaft von Jesus die bedeutendste neue „Idee" war, die im ersten Jahrhundert die Bühne der Welt betrat, dann waren die Arbeit und die Briefe von Paulus die grundlegenden Instrumente, mit denen diese Botschaft die Welt jenseits Palästinas erreichte. Was wir auch immer aus ihm machen und egal, ob wir ihn mögen oder nicht: Paulus ist eine überragende Gestalt in der Geschichte unserer Zivilisation.

EINIGE BEISPIELE FÜR DIE WEISHEIT VON PAULUS

Gott ist zwar unsichtbar, doch an seinen Werken, der Schöpfung, haben die Menschen seit jeher seine göttliche Macht und Größe sehen und erfahren können. (Römer 1,20)

Jetzt aber hat Gott uns gezeigt, wie wir vor ihm bestehen können, nämlich unabhängig vom Gesetz. Dies ist sogar schon im Gesetz und bei den Propheten bezeugt. Gott spricht jeden von seiner Schuld frei und nimmt jeden an, der an Jesus Christus glaubt. Nur diese Gerechtigkeit lässt Gott gelten. (Römer 3,21.22)

Nachdem wir durch den Glauben von unserer Schuld freigesprochen sind, haben wir Frieden mit Gott durch unseren Herrn Jesus Christus. (Römer 5,1)

Das eine aber wissen wir: Wer Gott liebt, dem dient alles, was geschieht, zum Guten. Dies gilt für alle, die Gott nach seinem Plan und Willen zum neuen Leben erwählt hat. (Römer 8,28)

Denn ich bin ganz sicher: Weder Tod noch Leben, weder Engel noch Dämonen, weder Gegenwärtiges noch Zukünftiges, noch irgendwelche Gewalten, weder Hohes noch Tiefes oder sonst irgendetwas können uns von der Liebe Gottes trennen, die er uns in Jesus Christus, unserem Herrn, schenkt. (Römer 8,38-39)

Passt euch nicht dieser Welt an, sondern ändert euch, indem ihr euch von Gott völlig neu ausrichten lasst. Nur dann könnt ihr beurteilen, was Gottes Wille ist, was gut und vollkommen ist und was ihm gefällt. (Römer 12,2)

Was Gott getan hat, übersteigt alle menschliche Weisheit, auch wenn es unsinnig erscheint; und was bei ihm wie Schwäche aussieht, übertrifft alle menschliche Stärke. (1. Korinther 1,25)

Liebe ist geduldig und freundlich. Sie ist nicht verbissen, sie prahlt nicht und schaut nicht auf andere herab. Liebe verletzt nicht den Anstand und sucht nicht den eigenen Vorteil, sie lässt sich nicht reizen und ist nicht nachtragend, sondern freut sich, wenn die Wahrheit siegt. Liebe ist immer bereit zu verzeihen, stets vertraut sie, sie verliert nie die Hoffnung und hält durch bis zum Ende. Die Liebe wird niemals vergehen. (1. Korinther 13,4-8)

Ich möchte euch aber ein Geheimnis anvertrauen: Wir werden nicht alle sterben, aber Gott wird uns alle verwandeln. Das wird ganz plötzlich geschehen, von einem Augenblick zum anderen, wenn die Posaune das Ende ankündigt. (1. Korinther 15,51-52)

Schließlich, meine lieben Brüder und Schwestern, orientiert euch an dem, was wahrhaftig, gut und gerecht, was redlich und liebenswert ist und einen guten Ruf hat, an dem, was auch bei euren Mitmenschen als Tugend gilt und Lob verdient. (Philipper 4,8)

8
Die Bibel und die Zukunft

Menschen wollten schon immer die Zukunft kennen, obwohl mir nur schwer verständlich ist, wieso ein gesunder Mensch unbedingt wissen muss, was morgen geschieht, geschweige denn in zehn Jahren. Schließlich hat, wie Jesus sagt, „jeder Tag seine eigenen Lasten" (Matthäus 6,34). Propheten der unterschiedlichsten Prägung hatten dessen ungeachtet schon immer willige Zuhörer. Die Bibel erwies sich dabei als gutes Jagdgebiet für jene, die begierig ihre Seiten nach Hinweisen über die Zukunft durchkämmten, schließlich gibt es ganze Bücher der Bibel, die größtenteils oder gar vollständig prophetisch sind. Sie erzählen uns nicht, was geschehen ist oder was gerade geschieht, sondern was vor uns liegt und sind damit natürlich ein fruchtbares Feld für die Sammler schauriger Warnungen.

Prophetie im Alten und Neuen Testament

Damit wir die hebräischen Propheten verstehen können, müssen wir wissen, dass sie allgemein auch als „Seher" bezeichnet wurden – wörtlich „Menschen, die sehen" – und zwar weiter, als der Rest von uns sehen kann. Mir hilft es, wenn ich mir Gottes Offenbarung wie einen unterirdischen Fluss vorstelle, der unterhalb der Oberfläche unserer gewöhnlichen Erfahrung liegt. Bei den Propheten und Sehern bricht dieser Strom durch die Oberfläche wie eine Quelle in der Wüste. Die Wahrheit über Gott sprudelt und wird in Worte und Visionen gefasst. Sie sind überzeugt, dass Gott in besonderer Weise zu ihnen spricht, daher leiten sie gewöhnlich ihre Prophetien mit den Worten „So spricht der Herr …" ein.

Wichtig ist auch die Feststellung, dass im hebräischen Denken das Wort „Prophezeiung" nicht automatisch, wie in unserem Sprachgebrauch, „die Zukunft vorhersagen" bedeutet, sondern vielmehr „heraussagen" – Gottes Wort „aussprechen" und es auf konkrete Situationen oder Menschen anwenden. Wir haben schon gesehen, wie der Prophet

Nathan das bei König David getan hat nach dessen Mord an Uria und Ehebruch mit Batseba. Nathan sagte nicht die Zukunft voraus, sondern er erklärte aus göttlicher Sicht, welche Konsequenzen das Verhalten Davids haben würde. Biblische Prophetie ist oft genau das: „Wenn ihr – das Volk Israel, das Volk Juda – *dieses* tut, wird *jenes* die Konsequenz sein." Gleiches gilt auch für die Prophezeiungen im Neuen Testament. In der jungen Kirche gab es Männer und Frauen, die als „Propheten" bekannt waren. Es scheint, als ob ihre vorrangige Aufgabe darin bestand, in gewisser Weise offener zu sein als die anderen Christen für das, was Gott in einer bestimmten Situation bekannt machen wollte: Vielleicht eine Warnung vor Konsequenzen oder eine Hilfszusage, falls man einen bestimmten Weg einschlagen würde. All das gehört zur Vorstellung von „Prophetie".

Natürlich sind in manchen Passagen der Bibel Worte von Propheten und Sehern aufgeschrieben, die sich auf zukünftige Ereignisse – manchmal in einer weit entfernten Zukunft – zu beziehen scheinen. So etwa in den letzten Kapiteln des Danielbuches, die von kommenden Königreichen und Imperien handeln, oder auch im Buch Offenbarung mit seinen Visionen von der äußersten Zukunft, in der Gott und Christus (bezeichnet als „das Lamm") im Himmel thronen.

Manchmal allerdings darf man mit der Zukunft nicht zu schnell bei der Hand sein. Diese Visionen benutzen die Sprache und Bilder der Vorhersage auch, um in verschlüsselter Form zu den Menschen der damaligen Zeit zu sprechen. So können etwa viele Aussagen im Buch der Offenbarung leicht bezogen werden auf die Situation der Christen während der ersten Verfolgungswellen unter den römischen Kaisern. „Babylon" sieht Rom verdächtig ähnlich und der Kaiser gleicht dem Antichrist. In diesem Fall will die Botschaft ermutigen, denn die anscheinend unbesiegbaren Verfolger werden gerichtet werden. Gott wird Gerechtigkeit schaffen und sein Volk wird zu Ehren kommen (auch wenn es die „Ehre" der Märtyrer ist, die sich um den himmlischen Thron versammeln).

Selbst wenn wir diese Sichtweise für möglich halten ist klar, dass der Seher der Offenbarung, der sich selbst als „Johannes" vorstellt, auch Visionen einer weit entfernten Zukunft liefert. Wie sollten wir damit umgehen? Ist es nicht ein fruchtloses Geschäft, aus Aussagen der Offenbarung Andeutungen über die Bestimmung der Europäischen Gemeinschaft herauszulesen oder über Zeit und Ort der Schlacht von Harmagedon zu grübeln, die das Ende der Welt einläuten wird?

APOKALYPTISCHE SCHRIFTEN

Die Offenbarung, viele Stellen in Daniel und selbst einige Passagen in den Evangelien, in denen Jesus über die Zukunft spricht, erscheinen zunächst unverständlich. Das liegt mit an dem hier verwendeten Sprachstil, der uns heute nicht mehr vertraut ist. Man nennt ihn „Apokalyptik", abgeleitet von dem griechischen Verb für „offenbaren, aufdecken". Es handelt sich also um verborgene oder verschlüsselte Botschaften. Ihre Schreiber haben sie aus unterschiedlichen Gründen verschlüsselt und in Bildern und Visionen eine Sprache verwendet, die „aufgedeckt" oder entschlüsselt werden muss.

Manchmal geschah es aus politischen Gründen, um einem Schreiber die Möglichkeit zu geben, eine geheime Botschaft einem Eingeweihten zu übermitteln, die für alle anderen völlig harmlos war – oder schlicht sinnlos. Dies dürfte bei vielen Passagen der Offenbarung der Fall sein. Manchmal sollte die Botschaft auch nur dem Hörerkreis verständlich sein, der bereit war, sich auf sie einzulassen – wie etwa bei Jesus, wenn er am Ende eines Gleichnisses sagt: „Wer Ohren hat zu hören, der höre!" Somit trägt der Hörer oder Leser die Verantwortung, seinen Verstand, seine Einsichten und seinen Glauben einzusetzen, um die Bedeutung zu erschießen und sich ihr zu öffnen – oder eben nicht.

Ein gutes Beispiel für eine verschlüsselte Botschaft finden wir in Offenbarung 13,18, wo wir erfahren, dass „die Zahl des Tieres" – der verborgenen Macht, die die ganze Welt regiert – „die Zahl 666" ist. Damals gab es im Nahen Osten keine speziellen Zeichen für Zahlen. Stattdessen verwendete man Buchstaben aus dem Alphabet; jedem Buchstaben war ein Zahlenwert zugeordnet. Die Buchstaben für das griechische Wort „Tier" ergaben so zusammengerechnet die Zahl 666. Das Gleiche ergab sich aber auch, wenn man die hebräischen Buchstaben von „Kaiser Nero" addierte. Er war der erste Herrscher, der begann, die Christen zu verfolgen. Mit dieser Verschlüsselung konnte Nero als das böse Tier aus der Vision identifiziert werden, ohne dass man seinen Namen ausschreiben musste – und mit ihm natürlich auch die späteren römischen Kaiser, die sich anmaßten, Götter zu sein. Dieses Verfahren nennt man *Gematrie*. Es war sehr beliebt und wurde oft verwendet, um Namen zu verschlüsseln.

Andererseits konnte man mit dem apokalyptischen Schreibstil Visionen beschreiben, die der Autor entweder nicht interpretieren wollte oder zu deren Auslegung er sich nicht in der Lage sah. Diese Aufgabe

JÜDISCHE GRÄBER AM ÖLBERG IN JERUSALEM

Am Ölberg in Jerusalem, gegenüber dem Tempelberg, liegen die Gräber vieler orthodoxer Juden. Sie glaubten an die wörtliche Bedeutung der Prophetien von Daniel 12 oder Hesekiel 37,1-14 und erwarten dort die „Auferstehung der Gerechten".

Zur Zeit Jesu war der Glaube an die Auferstehung unter den Juden weitverbreitet (die Sadduzäer waren eine Ausnahme und lehnten die Auferstehung ab), doch sah man darin eher eine Wiederbelebung des irdischen Körpers als die Umwandlung der ganzen Person, wie sie durch die Auferstehung Jesu verheißen ist (vgl. 1. Korinther 15,42-55).

blieb dann dem Leser überlassen (was z. B. für den letzteren Teil bei Daniel zutrifft).

Ein Beispiel dafür, dass auch Jesus sich der Apokalyptik bediente, finden wir in einem Abschnitt der Evangelien, der oft die „kleine Apokalypse" genannt wird. Jesus beantwortet die Frage seiner Jünger danach, wann „das alles" – gemeint ist die Zerstörung des Tempels in Jerusalem – geschehen wird (siehe Markus 13,3-27). Vielleicht sind hier Aussagen Jesu, die er bei unterschiedlichen Anlässen zu diesem Thema gesagt hat, zu einer einheitlichen Erzählung zusammengefasst. Sie enthält sehr konkrete Warnungen: „Man wird euch vor die Gerichte stellen und in den Synagogen wird man euch auspeitschen. Nur weil ihr zu mir gehört, werdet ihr vor Machthabern und Königen verhört werden." (13,9) Ganz plastisch wird eine Szene der völligen Verwüstung beschrieben: „Alle Bewohner Judäas" sollen zur Sicherheit auf die Berge fliehen. Mit diesen Tagen des Leidens und der Verfolgung ist die Zeit gemeint, die dem jüdischen Aufstand gegen die Römer im Jahr 70 n. Chr. folgte und in der die Juden mit aller Härte die Rache des römischen Imperiums zu spüren bekamen. Die Niederschlagung des jüdischen Aufstandes, bei dem auch der Tempel in Jerusalem zerstört wurde, markierte das Ende der jüdischen Nation. Sie wurden zerstreut über ganz Europa und darüber hinaus – bis zur Gründung des modernen Staates Israel im Jahr 1948.

Typisch für den apokalyptischen Schreibstil ist allerdings, dass diese

Der alte
jüdische
Friedhof
am Ölberg,
Jerusalem

Warnungen bezüglich einer unmittelbar bevorstehenden Katastrophe verwoben sind mit Visionen, die sich offensichtlich auf weit entfernte Ereignisse beziehen. Deutlich erkennbar ist dies in Markus 13,24-35, wo Jesus in eine andere Zeit „nach dieser Schreckenszeit" blickt, in der Zeichen am Himmel erscheinen. Dann wird der „Menschensohn (ein Titel, den Jesus oft von sich selbst gebrauchte) in großer Macht und Herrlichkeit in den Wolken des Himmels kommen". Dann werden

Das Johanneskloster thront über der Stadt Chora auf der griechischen Insel Patmos. Johannes befand sich auf dieser Insel in Verbannung, als er die Visionen empfing, die er im Buch Offenbarung beschreibt.

Engel ausgesendet und „seine Auserwählten aus allen Teilen der Welt zu ihm bringen". Viele Christen erkennen darin eine Prophetie über das „Ende der Welt" – mit Sicherheit jener Welt, wie wir sie kennen.

Die Jünger hatten gefragt „Wann wird das geschehen?" – eine Frage, die Menschen seitdem oft erörtert haben. Jesus macht allerdings eines klar: Niemand weiß das, weder die Engel im Himmel noch der Sohn, sondern nur der Vater (Markus 13,32). Er wollte weder ein Raster noch einen Fahrplan geben für Ereignisse, die allein in Gottes Willen liegen. Das machte schon die Form klar, die er für seine Ausführung wählte. Es ist die Sprache der versteckten Botschaften. Es *gibt* eine göttliche Absicht, sagt Jesus. Die Dinge, die geschehen werden, sind weder Zufall noch eine Laune. Aber wir, die wir auf der Erde leben – auch Jesus selbst, als er „einer von uns" war – haben lediglich Anhaltspunkte und können nur in Visionen und Symbolen diese entfernte Wahrheit begreifen.

So müssen wir auch die große Apokalypse, das atemberaubende Buch der Offenbarung, lesen. Wenn Sie versuchen, es wie eine Landkarte oder einen Fahrplan zukünftiger Ereignisse zu lesen, werden Sie es missverstehen – vor allem, weil es das nie sein wollte. Die Visionen, die Johannes auf der Insel Patmos empfing, sind moderner Fantasy-Literatur ähnlicher als einem Zunkunfts-Fahrplan. Sobald Sie anfangen,

die Bilder unbesehen auf unsere Zeit zu übertragen und sich zu fragen „Wofür könnte das nun stehen", werden Sie die Spur verlieren. Lassen Sie zunächst einfach die Bilder, Farben und Stimmen über sich ergehen, und Sie werden die überwältigende „Botschaft" dieses außergewöhnlichen Buches aufsaugen: Gott regiert noch immer das Universum; das Böse, die Grausamkeiten und selbst Naturkatastrophen haben nicht das letzte Wort. Er spricht stets das letzte Wort. Und er hat einen Plan mit dieser Welt, den er zu einem guten Ende bringen wird. Und wer sich tiefer damit befassen möchte, der muss schon der Bedeutung der Bilder nachspüren – und zwar so, wie wir das mit der „666" gemacht haben.

Die Botschaft der Offenbarung spricht in viele Zeiten. So hatte sie zum Beispiel eine bemerkenswerte Bedeutung für die Christen in China zur Zeit der Revolution unter Mao Tse Tung. Einer von ihnen schrieb einen fantastischen und bewegenden Kommentar über die Offenbarung mit dem Titel *Das Lamm auf dem Thron.* Für ihn war Babylon nicht eine alte persische Stadt, auch nicht das römische Weltreich, von dem die Vision mit Sicherheit spricht, sondern der neue Totalitarismus, der sie zu überschwemmen drohte und der unvermeidlich großes Leid über viele chinesische Christen bringen würde. Für die chinesischen Christen wurde die „verborgene" Botschaft der Offenbarung klar durch ihr eigenes Erleben. Ähnliche Beispiele aus anderen Zeiten ließen sich anfügen, und wer in Hitler den Antichristen sah, lag vielleicht gar nicht so falsch.

An einigen Stellen, besonders in den Prophetien des 2. Teils des Jesajabuchs, finden wir Vorhersagen zukünftiger Ereignisse, die wir sozusagen dem Test der Zeit unterziehen können. Wenn wir das tun, entdecken wir ihre unheimliche Fähigkeit, Recht zu behalten!

Hier einige Beispiele:

Die Geburt Jesu

Aber zu Bethlehem im Gebiet der Sippe Efrat sagt der Herr: „Du bist zwar eine der kleinsten Städte Judas, doch aus dir kommt der Mann, der mein Volk Israel führen wird. Sein Ursprung liegt weit zurück, in fernster Vergangenheit." (Micha 5,1)
DER PROPHET MICHA IM 8. JAHRHUNDERT V. CHR.

So reiste Josef von Nazareth in Galiläa nach Bethlehem in Judäa. Denn er war ein Nachkomme Davids und in Bethlehem geboren. Josef musste sich dort einschreiben lassen, zusammen mit seiner Verlobten Maria, die ein Kind erwartete. In Bethlehem kam für Maria die Stunde der Geburt. Sie brachte ihr erstes Kind, einen Sohn, zur Welt. Sie wickelte ihn in Windeln und legte ihn in eine Futterkrippe im Stall, denn im Gasthaus hatten sie keinen Platz bekommen. (Lukas 2,4–7)
LUKASEVANGELIUM, ERSTES JAHRHUNDERT N. CHR.
LUKAS BESCHREIBT DIE GEBURT JESU IM JAHR 4 V. CHR.

Johannes der Täufer

Hört! Jemand ruft: „Bahnt dem Herrn einen Weg durch die Wüste! Baut eine Straße durch die Steppe für unseren Gott!" (Jesaja 40,3)
JESAJA, 6. JAHRHUNDERT V. CHR.

In dieser Zeit fing Johannes der Täufer an, in der judäischen Wüste zu predigen. Er rief: „Kehrt um zu Gott! Denn jetzt beginnt seine neue Welt." Der

Prophet Jesaja hatte die Aufgabe des Johannes so beschrieben: „Ein Bote wird in der Wüste rufen: ,Macht den Weg frei für den Herrn! Räumt alle Hindernisse weg!'" (Matthäus 3,1-3)
Matthäusevangelium, I. Jahrhundert n. Chr.

Der leidende Retter

Er wurde verachtet, von allen gemieden. Von Krankheit und Schmerzen war er gezeichnet. Man konnte seinen Anblick kaum ertragen. Wir wollten nichts von ihm wissen, ja, wir haben ihn sogar verachtet.

Dabei war es unsere Krankheit, die er auf sich nahm; er erlitt die Schmerzen, die wir hätten ertragen müssen. Wir aber dachten, diese Leiden seien Gottes gerechte Strafe für ihn. Wir glaubten, dass Gott ihn schlug und leiden ließ, weil er es verdient hatte.

Doch er wurde blutig geschlagen, weil wir Gott die Treue gebrochen hatten; wegen unserer Sünden wurde er durchbohrt. Er wurde für uns bestraft – und wir? Wir haben nun Frieden mit Gott! Durch seine Wunden sind wir geheilt.

Wir alle irrten umher wie Schafe, die sich verlaufen haben; jeder ging seinen eigenen Weg. Der Herr aber lud alle unsere Schuld auf ihn.

Er wurde misshandelt, aber er duldete es ohne ein Wort. Er war stumm wie ein Lamm, das man zur Schlachtung führt. Und wie ein Schaf, das sich nicht wehrt, wenn es geschoren wird, hat er alles widerspruchslos ertragen. Man hörte von ihm keine Klage.

Er wurde verhaftet, zum Tode verurteilt und grausam hingerichtet. Niemand glaubte, dass er noch eine Zukunft haben würde. Man hat sein Leben auf dieser Erde ausgelöscht. Wegen der Sünden meines Volkes wurde er zu Tode gequält!

Man begrub ihn bei Gottlosen, im Grab eines reichen Mannes, obwohl er sein Leben lang kein Unrecht getan hatte. Nie kam ein betrügerisches Wort über seine Lippen. (Jesaja 53,3-9)
Jesaja, 6. Jahrhundert v. Chr.

Wenn wir die Berichte der Evangelien über die Verurteilung, die Gefangenschaft, die Kreuzigung und das Begräbnis Jesu lesen, entdecken wir bemerkenswerte Parallelen zu diesem Abschnitt. Er wurde verhaftet und stand still vor seinen Anklägern. Er wurde geschlagen, ausgepeitscht und verspottet – von den Soldaten und der Menge, die bei seiner Hinrichtung zuschaute. Am Abend der Festnahme hatte er beim Essen gesagt, dass sein Tod „zur Vergebung ihrer Sünden" geschehe

(Matthäus 26,28). Sein Prozess war gewiss eine „Perversion der Gerechtigkeit", hatte doch der römische Statthalter verkündet, dass er „überhaupt keine Schuld an ihm finden könne", trotzdem erlaubte er die Auspeitschung und Kreuzigung. Jesus starb und wurde in das Grab eines reichen Mannes gelegt, Josef von Arimathäa.

DIE BIBEL UND DIE ZUKUNFT

Die Tatsache, dass sich viele Verheißungen der Bibel erfüllt haben, hat manche Leute zu der Behauptung veranlasst, wir könnten in der Bibel einen detaillierten Leitfaden für die Zukunft finden. Doch auch diese bemerkenswerten Beispiele konnten erst verstanden werden, als sie in *Erfüllung gegangen waren*. Das ist eine Eigenart biblischer Prophetie. Sie existiert nicht, um uns detaillierte Informationen über die Zukunft zu geben, sondern damit wir das verstehen, was passiert. Dann können wir sagen: „Es ist genau, wie die Bibel es sagt." Anders ausgedrückt existiert die Prophetie der Bibel, um den Glauben zu stärken, nicht um uns mit detailliert vorausschauenden Warnungen zu versorgen. Wohl aber will sie die Realität hinter der Realität zeigen: Auch wenn scheinbar das Chaos in dieser Welt überhandnimmt, hat Gott doch das letzte Wort und die Herrschaft.

Christen glauben, dass Gott der Herr der Geschichte ist. Vergangenheit, Gegenwart und Zukunft sind für ihn eine Einheit. Deshalb sieht er die Ereignisse, die in unserem Leben geschehen, mit anderen Augen. Er sieht das Bild vollständig. Prophetie soll uns daran erinnern, dass unsere kleinen Geschichten lediglich ein Teil seiner größeren Geschichte sind. Deshalb ist die angemessene Antwort des Gläubigen auf Prophetie wahrscheinlich eher Bescheidenheit als Überraschung.

Die unterschiedlichen Arten von Prophetie in der Bibel müssen unterschiedlich gelesen werden. Die Warnungen der Propheten in Israel und Juda sind Mahnungen an die Herrscher oder das Volk, nach dem Willen Gottes zu handeln, den die Propheten in die Situation hinein verkünden. Die Verheißungen derselben Propheten haben einen ganz anderen, viel weiter reichenden Zeithorizont. Immer wieder erzählen sie uns, dass Gott einen Mittler des Segens, einen Befreier und Retter zu seinem Volk senden wird. Es wird sein geweihter Vertreter sein, der Messias – das Wort bedeutet „der Gesalbte". Hier stellt sich unweigerlich die Frage, ob diese Verheißungen nun mit dem Kommen Jesu erfüllt worden sind, wie die Christen glauben, oder ob wir, wie die Juden glauben, immer noch auf die Erfüllung warten müssen.

Die prophetischen Worte Jesu deuten auf einen großen und schrecklichen „Tag des Herrn", eine Zeit des Gerichtes und der Gerechtigkeit, aber auch eine Zeit großer Hoffnung, wenn er zurückkommt auf die Erde und das „Königreich Gottes" aufrichtet. Jesus verkündet hier kein schlichtes Konzept, sondern spricht zu einem großen Teil in Geheimnissen und Metaphern. Doch sie weisen deutlich hin auf tiefe geistliche Gesetze, die uns sowohl warnen als auch Hoffnung bieten.

Schließlich sind da noch die apokalyptischen Bücher und Passagen. Sie sollten wahrscheinlich in größeren Abschnitten gelesen werden, damit wir die Farben, die Vorstellungen und die Wirkungen der Visionen erfassen können. Bestimmt kann niemand von den vier apokalyptischen Reitern oder den sieben Zornschalen in der Offenbarung lesen, ohne zu fühlen, wie lebendig und Ehrfurcht gebietend diese abschreckenden Visionen sind. Und wenn wir weiter lesen, werden wir in die himmlische Stadt, das Neue Jerusalem, gezogen. Ein Ort voller Licht und Schönheit, wo „er alle ihre Tränen trocknen und der Tod keine Macht mehr haben wird. Leid, Klage und Schmerzen wird es nie wieder geben" (Offenbarung 21,4). Die Bedrohungen und das Gericht sind vorbei und wir können jetzt weitergehen in das Reich der Liebe und Freude. Die Offenbarung mag ein seltsames Buch sein, aber die Gefühle und Wünsche, von denen es handelt, werden wohl keinem Menschen fremd sein. In eigenartiger Weise bildet es einen großartigen Abschluss für die ganze Bibel.

9
IRGENDWELCHE EINWÄNDE?

Es gibt eine Reihe von Einwänden gegen die Bibel, die vielleicht jeder erhebt, der sich zum ersten Mal ernsthaft mit ihr beschäftigt. Es sind Fragen, wie sie von Zeit zu Zeit in Zeitungsartikeln und in Radio- oder Fernsehprogrammen auftauchen. Sie können von aufrichtigen Christen nicht einfach übergangen werden, schon allein weil man ihnen sowohl in den meisten Kirchen als auch in einer breiteren Öffentlichkeit begegnet. Ich habe versucht, mit ihnen so aufrichtig wie möglich umzugehen, ohne todsichere Antworten zu geben.

Ist die Bibel nicht einfach nur eine Sammlung von Mythen und Legenden, sanktioniert durch den Lauf der Zeit und die behauptete Heiligkeit?

Wie ich zu zeigen versucht habe, enthält die Bibel sehr vielfältiges Material. Einiges davon kann und will nicht als historische oder wissenschaftliche Tatsache verstanden werden. So ist zum Beispiel der Schöpfungsbericht im Buch Genesis in poetischer Sprache abgefasst und liefert wohl kaum einen Augenzeugenbericht.

Andererseits *ist* das Alte Testament an vielen Stellen ein Bericht wirklicher Ereignisse, und eine ganze Reihe archäologischer Entdeckungen haben in erstaunlicher Weise die Zuverlässigkeit bestätigt. Das ausschlaggebende Kriterium für ein Schriftstück ist immer die Absicht des Autors. Sollten Tatsachen festgehalten werden oder sollte eine religiöse oder geistliche Wahrheit übermittelt werden?

Wenn wir diesbezüglich die Evangelien betrachten, bewegen wir uns auf zuverlässigem Boden. Lukas sagt ganz eindeutig, dass er Tatsachen über das Leben Jesu präsentieren will, und selbst wenn er sich an einer oder zwei Stellen irren sollte, tut das der Intention keinen Abbruch. Allerdings würde er sicher zustimmen, dass er ebenso wie die anderen Autoren mit seinen Ausführungen seine Leser davon überzeugen wollte, dass Jesus der Messias, der Sohn Gottes und der Retter der Welt ist. Keiner von ihnen war ein kühler, unbeteiligter „Reporter" von Ereignissen (falls es überhaupt je eine solche Person gab).

Die Bibel wurde während der vergangenen 200 Jahre gründlicher und kritischer untersucht als jedes andere Buch in der Welt. Sie hat die Prüfungen bemerkenswert gut überstanden. Die Schriftrollen vom Toten Meer, die 1947 entdeckt wurden, lieferten viele sehr zuverlässige Manuskripte von Texten des Alten Testaments, die zum Teil hunderte von Jahren älter waren als die, die man bis dahin kannte. Wenn die Texte im Laufe der Zeit verändert worden wären, hätte man diese Veränderungen finden müssen. Stattdessen wurde deutlich, wie genau die späteren Manuskripte waren und wie präzise die Schreiber sie kopiert hatten.

Wenn wir die Bibel mit Verstand lesen und den unterschiedlichen verwendeten Literaturgattungen Rechnung tragen, dann ist die Bibel die zuverlässigste Sammlung alter Schriften, die die Geschichte kennt, und eine unübertroffene Quelle religiöser Weisheit.

Der Gott des Alten Testaments scheint ein blutdürstiger Tyrann zu sein, der sogar unschuldige Frauen und Kinder erschlagen lässt.

Ja, manchmal bietet sich in den Kriegsberichten des Alten Testamentes ein Bild, das grausam und unnachgiebig erscheint. Das lässt sich nicht bestreiten. Wenn wir wirklich nur das eine Bild von Gott hätten, wie er den Israeliten den Befehl gibt, jeden Amalekiter zu erschlagen – einschließlich der Frauen, Babys, Kinder und Rinder (1. Samuel 15,3), könnten wir ihn zu Recht ablehnen. Nun ist das aber nicht so, und daher haben wir das Recht nicht.

Hierbei gilt es, verschiedene Aspekte zu berücksichtigen. Zuerst, um es gleich offen zu sagen, haben die Amalekiter es ja so „gewollt". Sie waren die unversöhnlichen Feinde Israels seit der ersten Schlacht in der Wüste beim Auszug aus Ägypten. Damit mag man das Ganze als Reaktion der Israeliten rechtfertigen, es würde dadurch aber natürlich noch nicht die Billigung durch Gott verdienen. Zweitens gilt für alle solche Geschichten im Alten Testament, dass der Autor das Ganze als eine von Gott befohlene Aktion *betrachtete*. Nach jüdischer Vorstellung war alles, was geschah, Teil des Willens Gottes und nirgendwo geschah etwas unabhängig von Gottes Plan. In diesem Fall war das Massaker irgendwie Teil der göttlichen Ordnung. Damals und für diesen Chronisten war es eine Tat Gottes. Ebenso – um für ein Gleichgewicht zu sorgen – war die Versklavung der Juden oder das Exil ein Teil desselben Planes Gottes.

In diesem Zusammenhang ist das Prinzip der *fortschreitenden Offenbarung* wichtig. Die Bibel ist eine große Geschichte, nicht eine Serie von einzelnen Ereignissen. Während die Offenbarung Gottes fort-

Die Manuskripte des Neuen Testaments wurden in den ersten Jahrhunderten auf Pergament oder Papyrus geschrieben. Gewöhnlich hatten sie die Form von Schriftrollen, später auch von Büchern („Kodex"). Weil das Material sehr teuer war, verschwendeten die Schreiber keinen Platz und ließen keine Lücken zwischen den Worten, was das Lesen für uns mühevoll macht. Zusätzlich gibt es manchmal Korrekturen durch Schreiber oder auch Manuskripte, die ein zweites Mal beschrieben wurden – dann ist ein Text unter dem anderen sichtbar.

Trotz alledem haben die Schreiber die Texte über Jahrhunderte hinweg sehr sorgfältig kopiert. Die Experten sind sich einig, dass wir es ihrer hingebungsvollen Arbeit verdanken, dass es keinen wesentlichen Unterschied gibt zwischen unserem Neuen Testament und den ursprünglichen Texten, die vor fast 2000 Jahren geschrieben oder diktiert wurden.

Das älteste bekannte Fragment des Johannesevangeliums, datiert auf die Zeit um 125–150 n. Chr.

schreitet, wird sein Bild immer schärfer für die Welt, wie wenn man ein Fernglas fokussiert. Und wir lernen die verschiedenen Eigenschaften Gottes kennen. Gott wird uns auch als strafender Gott vorgestellt, das ist wahr.

Demgegenüber singen die Psalmisten manchmal von einem Gott der unendlichen Barmherzigkeit, und die späteren, großen hebräischen Propheten sprechen von einem Gott, der für sein Volk sorgt wie eine Mutter. All das bereitet die Leser vor auf das erweiterte Verständnis Gottes, das Jesus uns brachte. Gott ist ein Gott der Vergebung, des Erbarmens und vor allem der Liebe, der aber trotzdem nicht einfach „fünfe gerade" sein lässt. Er ist das totale Gegenteil des Bösen und der Ungerechtigkeit und steht voll und ganz auf der Seite der Schwachen und der Machtlosen. Sein Anliegen geht weit über Israel hinaus und gilt den Menschen aller Rassen und Sprachen.

Wer sich nur einen Teil dieser fortschreitenden Offenbarung heraus-
pickt und so tut, als wäre es bereits das Ganze, der schlägt das Buch zu,
bevor er die Geschichte verstanden hat – und beschwert sich dann darüber, dass es unvollständig sei.

Es ist wie bei „Stille Post". Die Erzählungen von den Wundern und anderen
Dingen wuchsen und wucherten beim Weitersagen.

Das wird zwar allgemein geglaubt, ist aber zumindest im Fall der Evangelien, worauf sich diese Aussage gewöhnlich bezieht, ein Trugschluss.
Die früheste Notiz von einer Aussage Jesu findet sich im 1. Korintherbrief, der um 54 n. Chr. geschrieben wurde, rund 20 Jahre nach der
Kreuzigung. Das ist keine sehr lange Zeit für *Stille Post*. Das erste Evangelium, vermutlich das Markusevangelium, wurde etwa zehn bis 15
Jahre später geschrieben. Zu diesem Zeitpunkt dürften noch viele Augenzeugen und die meisten der Apostel gelebt haben, die den Ausschmückungen und Irrtümern widersprochen hätten. Dieses Argument
benutzt Paulus im 1. Korintherbrief, wenn er behauptet, dass über 500
Personen den auferstandenen Jesus gesehen hätten, „von denen die
meisten heute noch leben" (15,6).

Ein anderer wichtiger Aspekt ist das präzise Erinnerungsvermögen
der Menschen jener Zeit, die oft nicht lesen und schreiben konnten.
Hierfür gibt es auch viele entsprechende Hinweise aus anderen Kulturen, in denen Stammesmythen über Jahrhunderte mündlich weitergegeben wurden und dabei in bemerkenswerter Weise erhalten blieben.
Dabei ist es oft entscheidend, welcher „Wert" einer Botschaft beigemessen wird. Wir dürfen davon ausgehen, dass die ersten Christen ernsthaft
bemüht waren, sich präzise an die Lehren und Taten Jesu zu erinnern.
Sie hatten eine solche Bedeutung, dass sie so eingeprägt und weitergegeben wurden, wie die ersten Zeugen sie erzählt hatten. Diese „münd-
liche Tradition" betrifft wahrscheinlich viele Abschnitte der Evangelien,
in jedem Fall die von Matthäus, Markus und Lukas. Diese Überlegung
könnte erklären, wieso Evangelien, die an verschiedenen Orten der römischen Welt zusammengestellt wurden (möglicherweise in Ephesus,
Rom und Jerusalem), sich trotzdem so ähneln. Ich bin sicher, dass wir
wirklich die Stimme des Lehrers Jesus in den drei ersten Evangelien hören können. Johannes, der wahrscheinlich einige Zeit nach den anderen
schrieb, hatte eine andere Absicht und wollte ergänzen, was an der
Überlieferung über Jesus noch fehlte.

Ich glaube absolut nicht an Wunder. Bleibt mir dadurch nicht die Bibel verschlossen?

Sicher kommen in der Bibel viele „Wunder" vor, einige in den hebräischen Schriften, mehr noch in den Evangelien. Diese alle zu entfernen käme einer Verstümmelung gleich. Der Glaube der Christen, in dessen Mittelpunkt ja das Wunder der Auferstehung Jesu steht, wäre „sinnlos", wie es Paulus ausdrückt (1. Korinther 15,14), wenn Jesus nicht auferstanden wäre. Dennoch muss man zwischen zwei Dingen unterscheiden, die in unseren Übersetzungen als „Wunder" bezeichnet werden.

Einmal ist ein Wunder ein Ereignis, das so überwältigend ist, dass es nur als Eingreifen Gottes verstanden werden kann, auch wenn es sich natürlich erklären lässt. Hier kann man zum Beispiel an die 10 Plagen denken, die Gott über Ägypten schickte, oder an den Zug der Israeliten durch das Rote Meer unter Moses Führung. Dieses Ereignis wurde von den Juden stets als Wunder betrachtet, auch wenn das 2. Buch Mose eine vernünftige Erklärung dafür angibt: „Da ließ der Herr einen starken Ostwind aufkommen, der das Meer die ganze Nacht hindurch zurücktrieb und den Meeresboden zu trockenem Land machte." (2. Mose 14,21) Viele, jedoch nicht alle Wunder des Alten Testaments fallen in diese Kategorie.

Zum anderen ist die Rede von einem göttlichen „Zeichen", wie Johannes in seinem Evangelium die Wunder Jesu nennt. Sie waren nicht nur überwältigend und erstaunlich, sondern *Beweise* für Gottes Macht und Eingreifen. Sie sollten nicht die Zuschauer beeindrucken, sondern zeigen, dass Jesus der Sohn Gottes war. Falls wir uns nicht darauf versteifen, dass niemals und nirgendwo etwas geschehen ist, das die Grenzen dessen übersteigt, was wir Menschen heute wissen und verstehen, sollten wir so etwas eigentlich von dem Sohn Gottes auf der Erde erwarten, oder?

Mich interessiert die Bibel nur als literarisches Kunstwerk. Ist das nicht ihr einziger Wert für uns heute?

Auf jeden Fall sollten Sie die Bibel als Meisterwerk der Literatur genießen! Wenn Sie allerdings die Bibel so bezeichnen, dann vermute ich, dass Sie damit nicht die Bibel in ihrer ursprünglichen Form meinen, sondern irgendeine prächtige Übersetzung, die sicher auch ein literarisches Meisterwerk ist.

DIE BIBEL – ANDERS ALS ANDERE SCHRIFTEN

Die Bibel ist über einen wesentlich längeren Zeitraum hin entstanden als jedes andere Buch der Welt und beschreibt ca. 2000 Jahre Menschheitsgeschichte. Wir können es nicht ganz präzise bestimmen, aber Teile des Alten Testaments existierten vermutlich schon weit über 1000 Jahre v. Chr. in schriftlicher Form. Ab dem 6. Jh. v. Chr. wurde der hebräische Kanon (die Liste der autorisierten Bücher) zusammengestellt, allerdings wurde der Prozess erst im 2. Jh. v. Chr. abgeschlossen. Das Neue Testament ist im 1. Jh. n. Chr. geschrieben worden, definitiv festgelegt wurde der christliche Kanon erst im 4. Jh.

Und viele der ursprünglichen Bibeltexte sind natürlich von großem literarischem Wert – denken wir nur an die hebräische Poesie in den Psalmen oder an das Hohelied. Den Autoren der meisten Texte geht es aber nicht um literarische Verdienste, sondern um den Bericht von der Geschichte des Volkes Israels und die Übermittlung von Gottes Offenbarung. Es gibt sicher wenig „literarischen Glanz" in den Evangelien von Markus, Matthäus oder Johannes, zumindest im Blick auf die Sprache, die sie verwendeten. Es gibt Ausnahmen, und ich denke, wir entdecken manchmal in den Evangelien die wahre Stimme Jesu, jenes brillant überzeugenden Predigers. Und ab und zu zeigt Paulus in leidenschaftlichen Momenten, wie redegewandt er ist. Lukas schreibt in gutem Griechisch und wir könnten seine Fähigkeit als Geschichtenerzähler als „literarisches Glanzlicht" bezeichnen. Überhaupt zeigen die Evangelisten ein überraschendes Maß an literarischer Begabung, wenn es um das Arrangement ihres Stoffes und die Präsentation der Geschichte von Jesus geht. Sie bemühen sich aber sprachlich nicht unbedingt um eine elegante Ausdrucksweise.

Was ich damit zum Ausdruck bringen will ist, dass es sicher wichtig ist, die Bibel als Literatur zu lesen. Wer sie aber allein mit diesem Ziel liest, wird vor lauter Bäumen den Wald nicht sehen. Die Autoren wollten nicht literarische Größen sein, sondern uns helfen, die Wege Gottes zu verstehen. Wenn wir das übersehen, verfehlen wir ihre eigentliche literarische Absicht.

Wieso die Bibel? Wieso nicht irgendein anderes „heiliges Buch" oder die Lehren meines Lieblings-Gurus oder spirituellen Helden?

Zunächst einmal: Die Frage, ob die Bibel einzigartig ist, weil sie allein von Gott inspiriert ist, kann man nur aufgrund seiner Glaubensüberzeugung beantworten. Ich möchte aber trotzdem einige rationale Gründe für die Einzigartigkeit der Bibel aufzeigen.

Vielleicht beginnen wir mit der Frage nach der Existenz Gottes (wenn wir uns hierin nicht einig sind, hat es keinen Sinn, darüber zu diskutieren, ob dieses Buch Gottes Wahrheit offenbart). Wenn Gott existiert, dann ist er laut Definition ewig, allmächtig und allwissend. Sonst wäre es sinnlos, von Gott zu reden. Wenn er das aber ist, dann unterscheidet er sich darin total von uns. Wir sind sterblich und sowohl in unseren Kräften als auch im Wissen begrenzt.

Folglich sind wir darauf angewiesen, dass Gott selbst uns die Wahrheit über sich verrät. Könnten wir nämlich von selbst diese Wahrheit erkennen, müssten wir ja allwissend sein wie Gott. Auf dieser Voraussetzung beruht die Idee der Selbstoffenbarung Gottes. Wenn wir etwas über ihn wissen sollen, muss er es uns offenbaren.

Diese Offenbarung muss sich natürlich einer Ausdrucksweise bedienen, die Menschen verstehen können; sie muss innerhalb der Grenzen unserer Erfahrung liegen. Daher berichtet die Bibel von realen Menschen, von ihren eigenen Gefühlen und von dem, was sie mit Gott erlebt haben. Um völlig verstehen zu können – zumindest so völlig wie möglich – ist es unerlässlich, dass Gott selbst seine Wahrheit den Menschen offenbart.

Weite Teile des Alten Testaments beschäftigen sich mit der Gotteserfahrung einer Nation, wobei das Volk Israel und seine Propheten versuchten, Gottes Wege zu verstehen. Und die Geschichte dieses Volkes, dass als einziges Volk aus der Antike heute noch existiert, ist schon beeindruckend, wenngleich auch eine Geschichte menschlichen Versagens.

Christen glauben, dass sich Gott letztendlich in aller Klarheit im Leben und in der Lehre Jesu offenbart hat, dass Gott in Jesus so präsent war, wie es überhaupt im Leben eines Menschen möglich ist, und dass Jesus selber Gott war. Jesus behauptete: „Wer mich gesehen hat, der hat auch den Vater gesehen" (Johannes 14,9). Natürlich ist das ein Glaubenssatz, aber alles, was wir von Jesus wissen, zeigt, dass sich in Jesus die höchsten Ideale widerspiegeln: Moralische Reinheit, Liebe und Annahme, Weisheit und geistliche Größe. So muss Gott sein!

Jesus akzeptierte die hebräischen Schriften als heilige Schriften, sie waren seine Bibel. Er war nach eigener Aussage nicht gekommen, um ihnen zu widersprechen, sondern um sie zu „erfüllen". Ihr Bild von Gott, das mit fortschreitender Offenbarung immer klarer wurde, war bereits eine Offenbarung seines himmlischen Vaters. Jesus erkannte das Alte Testament als Gottes Wort an, und das ist für mich der beste Grund, es auch zu tun. Außerdem sicherte er seinen Aposteln zu, dass der Heilige Geist sie an all das erinnern würde, was er ihnen gesagt hatte, und ihnen seine Worte erklären würde (Johannes 14,26). Deshalb sind auch die Schriften des Neuen Testaments für mich „Heilige Schrift".

Ich gebe zu, dass das ein Zirkelschluss ist, aber er liefert eine vernünftige Basis für meinen Glauben, dass die Bibel eine einzigartige Offenbarung Gottes ist. Es kann gut sein – und bestimmt ist es auch so – dass es wertvolle Einsichten über das Göttliche in anderen Schriften oder durch andere Quellen gibt, aber für mich und Millionen anderer ist die Bibel in einzigartiger Weise das „Wort Gottes". Vielleicht können Sie das für sich selbst nur auf eine Weise überprüfen, indem Sie die Bibel lesen; und darum geht es ja letztlich in diesem Buch.

HEIDNISCHE GOTTHEITEN

Die Juden bedachten die Götter der „Heiden" mit vernichtender Kritik. Die hebräischen Propheten spotteten, dass diese Götter nur zum Zerhacken und Verbrennen nützlich wären (vgl. Jesaja 44,15 – ein amüsantes Bild von einem Mann, der einen Baum fällt und den einen Teil des Holzes zum Feuern verwendet, während er sich aus dem Rest seinen Gott schnitzt). Allerdings tappten die Israeliten selbst auch oft in diese Falle. Während Mose auf dem Berg Sinai war und mit Gott sprach, schuf sich das Volk ein goldenes Stierkalb, betete es an und schrie: „Das ist unser Gott, der uns aus Ägypten befreit hat" (2. Mose 32,4).

Dieses Tontäfelchen, datiert auf die Zeit vom 10. bis 7. Jahrhundert v. Chr., wurde wahrscheinlich als Hausgöttin verehrt. Es stellt Aschera dar, die kanaanitische Fruchtbarkeitsgöttin und Gemahlin des Hauptgottes El (bekannt in der Bibel als Baal).

10
DIE BIBEL IM SCHNELLDURCHGANG

Wer die Bibel lesen möchte, wird vielleicht entmutigt werden bei dem Gedanken, sich durch tausende von Seiten durchkämpfen zu müssen. Es wäre schon viel, wenn jeder, der hoffnungsvoll mit dem ersten Kapitel beginnt, am Ende des 1. Buchs Mose noch voll motiviert wäre – ganz zu schweigen vom Ende der ganzen Bibel. Ich nehme an, dass es auch jedem so geht, der die kompletten Werke von Shakespeare in Angriff nimmt. Das hat vermutlich die *Reduced Shakespeare Company* dazu bewogen, alle Werke Shakespeares in einem Stück anzubieten. Es enthält alle wesentlichen Handlungen, verzichtet aber auf alle Ausschmückungen.

Der letzte Teil dieses Buches enthält daher die Bibel im „Schnelldurchgang". Der einzige Unterschied besteht darin, dass Sie die echten Texte lesen müssen. Da aus dem Text aber gleichsam ein Extrakt herausgezogen wurde, lernen Sie alle wichtigen Teile des „Entwurfs" kennen und erhalten einen Vorgeschmack auf die wesentlichen Elemente der Bibel, ohne dass Sie sich ganz hindurcharbeiten müssen. Wir folgen hierbei der traditionellen Anordnung der Bibel, obwohl sie nicht zwangsläufig auch der logischen Reihenfolge und schon gar nicht der Reihenfolge der Entstehung der Texte entspricht. Jeder Abschnitt enthält eine kurze inhaltliche Zusammenfassung, vergleichbar einem Programm bei einer Oper oder einem klassischen Konzert.

Wenn Sie sich einen flüchtigen Überblick über die ganze Bibel verschaffen wollen, ist das vielleicht der einfachste Weg. Dann ist es jedoch wichtig, dass Sie von Anfang bis Ende durchhalten und der Versuchung widerstehen, hier oder dort ein wenig zu picken. Genau daher kommen nämlich viele der Probleme beim Lesen der Bibel – besonders, wenn man sich ihr zum ersten Mal nähert. Die Bibel hat zwar viele Autoren und wurde über eine Zeitspanne von etwa tausend Jahren zusammengestellt, doch sie ist eine Einheit. Auch dieser Auszug hat davon etwas bewahrt.

Jedes Buch der Bibel wird aufgeführt, es folgen der Vorschlag zur Lektüre des Originals und eine kurze inhaltliche Zusammenfassung. Die mit einem Stern gekennzeichneten Texte halte ich für unentbehrlich, sie sollten selbst bei einem ganz flüchtigen Überblick nicht fehlen.

DAS ALTE TESTAMENT

1. Mose (Genesis)

Der Name „Genesis" bedeutet „Anfang". Das Buch beschäftigt sich mit den Ursprüngen: Der Ursprung der Erde, Pflanzen, Tiere und des menschlichen Lebens, der Völker und Sprachen – und der Entstehung des Volkes Israel, durch das der Herr eines Tages „jede Nation" segnen würde. Die Geschichte der Erzväter, also Abrahams und seiner Nachkommen, wird bis zum Tod von Abrahams Urenkel Josef in Ägypten erzählt. Das Buch Genesis verdient es, besonders intensiv gelesen zu werden, weil es die Grundlage ist für vieles, das folgt.

Lesestücke

Kapitel 1-3: Die Schöpfungsgeschichte – erst der Erde, der Pflanzen, Tiere, Vögel und Menschen, gefolgt vom Bericht über die Erschaffung von Mann und Frau zur gegenseitigen Ergänzung. Kapitel 3 ist die Geschichte von der Versuchung Adams und Evas und deren schreckliche Folgen.

Kapitel 6-8: Die Geschichte der Flut. Sie beginnt mit einer nicht näher genannten Verderbtheit der Menschen (Ehen mit Nicht-Menschen?) und Gottes Entschluss, die Menschheit auszulöschen. Dann beschließt Gott, den gerechten Noah und seine Familie zu schonen. Sie sollen die Arche bauen, in der sie und die Tiere die Flut überleben können, während alles andere

vernichtet wird. Am Ende verheißt Gott, nie wieder so etwas zu tun.

Kapitel 12,1-8: Die Berufung Abrams und der Befehl, seine Heimat Ur zu verlassen und westwärts zu ziehen in ein Land, das Gott ihm zeigen würde und das der Herr für immer seinen Nachkommen geben würde. Abram ruft den „Namen des Herrn" an.

Kapitel 17: Abram („Vorfahr") wird Abraham genannt („Vorfahr einer Menge"). Gott verheißt ihm, dass er Vater einer großen Nation wird, die das Land Kanaan besitzen wird. Als ein Zeichen des „Bundes" sollen alle männlichen Nachkommen beschnitten werden. Sarai wird Sara genannt. Ihr wird ein Sohn verheißen, der Isaak genannt werden soll. Er wird den Bund erben.

Kapitel 27,1-29: Isaak, inzwischen ein alter Mann, wird betrogen und gibt seinen Segen dem jüngeren Sohn Jakob, der so die Verheißungen erbt.

Kapitel 30,1-23: Jakob heiratet zweimal: Lea, die ihm sechs Söhne gebiert, und seine Lieblingsfrau Rahel, die zwei Söhne gebiert, Josef und Benjamin. Seine insgesamt zwölf Söhne sind die Stammväter der zwölf Stämme Israels.

Kapitel 37-47: (Ein langer Abschnitt, aber er behandelt einen wichtigen Teil der Geschichte, ohne den weite Teile des Alten Testaments unverständlich bleiben!) Hier wird die faszinierende Geschichte von Josef erzählt: Er wird von seinen Brüdern als Sklave verkauft und landet schlussendlich am Hof des Pharaos, des Königs von Ägypten. Josefs Weisheit rettet das Land vor den Folgen einer verheerenden Hungersnot und er wird hinter dem Pharao der zweite Mann im Staat. Schließlich kommen seine Brüder mit ihren Familien und sein alter Vater Jakob zu ihm nach Ägypten. Sie siedeln sich im Land Goschen an, das der Pharao ihnen gegeben hat. Hier geht es ihnen gut, und Jakob stirbt dort.

2. Mose (Exodus)

Wie der Titel verrät, geht es hier um den „Exodus", den Auszug der Israeliten aus Ägypten unter der Führung des Mose. Israel wird aus der Sklaverei befreit und erhält sein Gesetz. Dies sind die Texte, die grundlegend sind für Israel als Nation.

Lesestücke
Kapitel 1-2: Viele Jahre sind vergangen. Jakobs Nachkommen, die Hebräer, haben sich vermehrt und ein neuer Pharao betrachtet sie als Bedrohung. Die hebräischen Knaben sollen bei der Geburt getötet werden. Mose überlebt durch eine List seiner Mutter und wird von der Tochter des Pharaos adoptiert, jedoch weiter von seiner eigenen Mutter aufgezogen. Schließlich flieht Mose, nachdem er einen ägyptischen Sklavenaufseher erschlagen hat, aus Ägypten und findet Zuflucht im Land Midian. Er heiratet Zippora, die Tochter eines midianitischen Priesters, und siedelt sich dort an.

Kapitel 3-4: Der große Wendepunkt in der Geschichte der Israeliten – Gott begegnet Mose in einem brennenden Busch. Er gibt ihm den Auftrag, nach Ägypten zurückzukehren und mit göttlicher Unterstützung die Hebräer aus der Sklaverei zu führen. Ungeachtet vieler manchmal amüsanter Einwände nimmt Mose schließlich den Auftrag an.

Kapitel 5-12: (Wieder ein langer Abschnitt, der aber wichtig ist für die ganze Geschichte und darüber hinaus auch lesenswert!): Die Plagen in Ägypten, das Passahfest und schließlich der Auszug der Israeliten aus Ägypten. Mose verrät das Ziel: Ein verheißenes Land, in dem „Milch und Honig fließen".

Kapitel 12: Das Passahfest.
Kapitel 14: Durchzug durch das Rote Meer (oder Schilfmeer), eine der großen Erzählungen der Geschichte der Menschheit. Die Israeliten brechen zu ihrer langen Reise auf, die – noch wissen sie es nicht – vierzig Jahre dauern wird.

Kapitel 16: „Speise vom Himmel" wird gegeben: Manna

Kapitel 20: Sinai – das Gesetz wird gegeben. Mose erhält die Zehn Gebote, die auf Steintafeln geschrieben sind.

Kapitel 32: Das Goldene Kalb. Während Mose lange auf dem Berg Sinai bleibt, zwingt das Volk seinen Bruder Aaron, einen „Gott" zu machen, den sie sehen und anbeten können. Als Mose merkt, was Aaron getan hat, ist er bestürzt. Das Volk wird bestraft.

Abgesehen von der Geschichte vom Goldenen Kalb enthält das 2. Buch Mose ab Kapitel 21 Gesetzesvorschriften und detaillierte Anweisungen zu Bau, Herstellung und Gestaltung der Stiftshütte, dem Zelt, in dem die „Bundeslade" während der Reise aufbewahrt wurde. Die Lade enthielt unter anderem die Tafeln mit den 10 Geboten und etwas Manna. Sie wurde für die Israeliten zum Symbol der Gegenwart Gottes.

3. Buch Mose (Leviticus)

Dieses Buch ist nach den „Leviten" benannt, dem Stamm der Priester und Tempeldiener in Israel. Es ist das detaillierte Handbuch der rituellen, sozialen und religiösen Gesetze für das Volk Israel. Wir können uns hier auf die Beschreibung des Versöhnungstags in Kapitel 16 beschränken, der noch immer in jedem Frühjahr von den Juden gefeiert wird (allerdings ohne die Tieropfer). Es ist der Tag, an dem das ganze Volk die Sünden der ganzen Nation bereut und um Vergebung betet.

4. Buch Mose (Numeri)

Wie der Name nahelegt, werden hier viele Größen und Einzelheiten

zu den verschiedenen Stämmen aufgelistet, während die Israeliten ihre Reise vom Sinai in das verheißene Land fortsetzen. Etwa ab Kapitel 10 wird der Faden der Geschichte von 2. Mose 32 wieder aufgenommen; die Reise geht auf ihre zweite Etappe.

Lesestücke

* Kapitel 13-14,25: Der Bericht der Kundschafter, die das verheißene Land Kanaan, seine Bewohner und deren militärische Stärke erforscht hatten. Sie bringen schlechte Nachricht: In dem wunderbaren und fruchtbaren Land leben schreckliche, kriegerische Bewohner, denen die Israeliten hoffnungslos unterlegen sind. Zwei der Kundschafter, Kaleb und Josua, geben jedoch ein Minderheitenvotum ab und behaupten, dass man dieses Land sehr wohl einnehmen könne. Das Volk lässt sich von der Mehrheit der Kundschafter einschüchtern und es wurde vorgeschlagen, mit einem anderen Führer nach Ägypten zurückzukehren. Darüber wurde der Herr sehr ärgerlich und schwor, dass niemand von denen, die seine Zeichen und seine Herrlichkeit auf der Reise erlebt hatten, das verheißene Land sehen sollte. Einzige Ausnahme: Kaleb und Josua!

Kapitel 20: Mose verliert die Geduld und überschreitet Gottes Anweisungen, als er aus eigener Kraft ein Wunder tut und bei Meriba Wasser aus einem Felsen hervorsprudeln lässt. Weil er dafür nicht Gott, dem eigentlichen Urheber, die Ehre gegeben hatte, darf auch Mose das verheißene Land nicht betreten. Das Volk zieht weiter in Richtung Kanaan. Aaron stirbt am Berg Hor und Eleasar wird an seiner Stelle Hoherpriester.

5. Buch Mose (Deuteronomium)

Dieses Buch wiederholt viele Gebote aus Exodus und Numeri, daher der Name „2. Gesetz". Die Geschichte der Reise in das verheißene Land wird weitererzählt. Die Auflistung der einzelnen Gesetze und Riten des wachsenden, nun bald sesshaft werdenden Volkes nimmt viel Platz ein. Auch die zehn Gebote werden wie-

derholt. Einige der Gesetze – etwa die Regelung des Kriegsdienstes in Kapitel 20 – sind interessant, doch im Blick auf die Geschichte des Volkes Israels können wir gleich zu den letzten Kapiteln springen.

Lesetexte

Kapitel 31: Im fortgeschrittenen Alter zieht sich Mose zurück und bestimmt Josua als seinen Nachfolger. Nachdem er „das ganze Gesetz auf eine Buchrolle geschrieben hatte" (V. 24), befahl er, dass diese neben der Bundeslade aufbewahrt werden sollte zur ständigen Erinnerung für das Volk.

* Kapitel 34: Mose stirbt, nachdem

MOSE

Die ersten fünf Bücher der Bibel (griechisch: Pentateuch) werden auch „Die Bücher Moses" genannt. Die Gelehrten streiten sich darüber, ob sie wirklich auf Mose zurückgehen (wobei er gute Voraussetzungen zum Schreiben mitgebracht hätte). Sie füllen ein Viertel des Alten Testaments und stellen die „Thora" dar, die Lehre oder das Gesetz Israels. Sie liefern uns außerdem die Geschichte von der Geburt und wunderbaren Rettung des kleinen Mose bis zu seinem Tod auf dem Berg Nebo und werden abgeschlossen mit seinen „letzten Gedanken" und Anweisungen. Außerdem folgt ein Bericht über seinen Tod und ein Nachwort („der Herr begegnete ihm von Angesicht zu Angesicht") – was er natürlich nicht selbst geschrieben haben kann.

Gott ihm vom Gipfel des Berges Nebo aus das ganze Land gezeigt hatte. Das Kapitel endet mit einer bewegenden Anerkennung des Mannes, der die Israeliten so lange geführt hatte. Trotz scheinbar unüberwindlicher Hindernisse hatte er sie an die Grenze Kanaans gebracht, das nun vor ihnen lag.

Josua

Das Buch knüpft nahtlos an die 5 Bücher Mose an. Es erzählt, wie Israel das verheißene Land einnahm.

Lesetexte

Kapitel 1-2: Josua bereitet das Volk darauf vor, den Jordan zu überqueren und das verheißene Land einzunehmen. Kundschafter werden nach Jericho gesandt, jener befestigten Stadt, die ihnen den Weg versperrt. Die Prostituierte Rahab hilft ihnen.

Kapitel 3-4: Überquerung des Jordan. Auf ihrer Reise die zweite Überquerung auf „trockenem Fuß". Die Bundeslade wird zur „Brücke".

Kapitel 5,13-6: Jericho fällt – „die Mauer von Jericho stürzte ein". Zerstörung auf göttlichen Befehl.

Kapitel 24: Josua erneuert den „Bund" und das Volk gelobt, Gott

Anbetung des goldenen Kalbs, Mozarabische Bibel, Spanische Schule, 10. Jahrhundert

allein zu dienen. Josuas Tod und die Beerdigung der mitgeführten Knochen Josefs im verheißenen Land.

Richter

Die sogenannten „Richter" sind die Führer Israels nach Josua. Sie herrschten allerdings nicht kontinuierlich und auch nicht immer über das ganze Land, sondern waren eher Befreier, wenn das Volk in Not war.

Lesestücke
Kapitel 6-7,21: Die Geschichte von Gideon und dem Sieg über die Midianiter.

Kapitel 13-16: (freiwillig, aber interessant!): Die Geschichte von Simson – Geburt, Hochzeit mit der Philisterin Delila, ihr Verrat und sein Tod im Tempel Dagons.

Rut

Das Buch erzählt die Geschichte der jungen, ausländischen Frau, die einen Israeliten heiratete. Sie war eine Urgroßmutter von König David und wurde so eine entfernte Vorfahrin Jesu.

Lesestücke
Kapitel 1,16-17: Ruts denkwürdiges Versprechen, bei ihrer jüdischen Schwiegermutter zu bleiben.

1. Samuel

Die beiden Bücher Samuel erzählen die Geschichte der ersten Könige Israels, Saul und David. Israel wird Monarchie.

Lesestücke
Kapitel 1: Die Geburt Samuels – seine Mutter stellt ihn zum Dienst im Heiligtum Gottes zur Verfügung.

Kapitel 3: Der Herr ruft den Knaben Samuel. Er wird Prophet des Herrn.

Kapitel 8-10,1: Die Israeliten wollen einen König, Gott erwählt auf ihr Drängen hin Saul.

* Kapitel 16: Der Herr verwirft Saul und beauftragt Samuel, einen neuen König zu finden und zu salben – David, den Hirtenjungen.

Kapitel 17,1-51: David und Goliat.

2. Samuel

Lesestücke
Kapitel 1: Saul und sein Sohn Jonathan sterben. David trauert um sie.

* Kapitel 5: David wird König des vereinigten Königreichs Israel und Juda. Er erobert Jerusalem von den Jebusitern.

* Kapitel 11-12: David und Batseba – Ehebruch, Mord und Strafe.

1. Könige

Die Königebücher schildern die Geschichte Israels von der Thronbesteigung Salomos bis zur Verbannung der Israeliten nach Babylon.

Lesestücke
Kapitel 1,27-31: David bestätigt,

David mit dem Kopf von Goliat, von Michelangelo Merisi da Caravaggio (1571–1610)

dass sein Sohn Salomo der nächste König werden wird.

* Kapitel 3: Salomo bittet Gott um die Gabe der Weisheit.

* Kapitel 8: Der neue Tempel, den Salomo erbaut hat, wird geweiht. Die Bundeslade des Herrn wird dort aufgestellt.

Kapitel 12 berichtet von der Teilung des Reiches in das Nord- und das Südreich, Israel und Juda, unter Salomos Thronfolger Rehabeam. Der Rest der Königebücher berichtet von den verschiedenen Königen der beiden Reiche. Die meisten taten, „was der Herr verabscheute". In die Geschichte eingebunden werden die Taten des großen Propheten Elia und seines Nachfolgers Elisa berichtet.

Kapitel 18,16–46: Elia stellt sich den Propheten des Gottes Baal auf dem Berg Karmel entgegen.

2. Könige
Lesestücke
Kapitel 2: Elia wird in den Himmel aufgenommen. Elisa wird an seiner Stelle Prophet.

Kapitel 5: (nicht notwendig, aber interessant): Die Heilung des leprakranken Naamann.

Kapitel 17,1–23: Die Assyrer erobern das Nordreich Israel und verschleppen die Menschen in die Gefangenschaft.

Kapitel 18,1-8: Hiskia, der gute König des Südreiches Juda.

Kapitel 19,14-17, 35-37: Die Assyrer werden besiegt, nachdem Hiskia für die Rettung gebetet hat.

Kapitel 24,18-25,30: König Zedekia „tat Böses" und der Herr gab ihn in die Hände Nebukadnezars, des Königs von Babylon. Jerusalem wird erobert, der Tempel wird zerstört und das Südreich wird in die Gefangenschaft geführt.

1. Chronik
Dieses Buch handelt von Ereignissen, die bereits in 2. Samuel und 1. Könige berichtet wurden, aber eher aus „priesterlicher" Sicht und nicht aus „Regierungs-Perspektive". Für das Anliegen dieser Kompakt-Bibel kann es übersprungen werden.

2. Chronik
Auch dieses Buch behandelt den gleichen geschichtlichen Abschnitt wie 1. und 2. Könige.

Lesetexte
Kapitel 30–31,1: Hiskia erneuert zur großen Freude des Volkes das Passahfest.

Kapitel 34: Der junge König Josia, der mit acht Jahren den Thron bestieg, stellte in ähnlicher Weise den Gottesdienst wieder her nach einer Zeit des Abfalls. Er entdeckte das Gesetz des Herrn wieder.

Esra
Dieses Buch handelt ebenso wie das Buch Nehemia von Ereignissen im 5. Jh. v. Chr., als den Juden durch den persischen König Kyrus erlaubt wurde, den Tempel in Jerusalem wiederaufzubauen. Esra scheint am königlichen Hof eine offizielle Stellung gehabt zu haben, obwohl er Jude war.

Lesestücke
Kapitel 1,1-7: König Kyrus gibt die Erlaubnis zur Heimkehr und zum Tempelbau.

Kapitel 6,13-22: Trotz Widerstand und Spott baut das Volk unter der Führung des Propheten Haggai und des Statthalters Nehemia weiter. Schließlich wird der Tempel geweiht und die Heimkehrer feiern das Passahfest.

Kapitel 7,5-10; 27-28: Esra kommt zurück nach Jerusalem und bringt neue Vollmachten des neuen Königs Artaxerxes mit. Begleitet wird er von führenden Männern der Israeliten.

Nehemia
Dieses Buch berichtet ebenfalls vom Wiederaufbau Jerusalems, aber aus der Perspektive des Statthalters Nehemia, der persönlich die Arbeiten überwachte.

Lesestücke

Kapitel 8: Nachdem die Stadtmauer gebaut und das Volk nach Jerusalem zurückgekehrt war, las Esra der Menge das Gesetz des Mose vor.

Zur Feier des Tages bauten die Leute Hütten auf ihren Dächern – der Ursprung des jüdischen Laubhüttenfestes.

Esther

Das einzige Buch in der Bibel, das Gott nie erwähnt! Es handelt vom Mut der jüdischen Frau Esther, die während der Zeit der Gefangenschaft und des Exils eine der Frauen des persischen Königs Xerxes wurde. Es ist ein lesenswertes Buch mit vielen Informationen zur jüdischen Geschichte, aber entbehrlich für die Kompakt-Bibel.

Hiob

Die Geschichte beginnt mit dem reichen und gerechten Mann Hiob, der alles verliert: Familie, Haus, Herden, Reichtümer. Dennoch verflucht er Gott nicht. Die Geschichte ist vermutlich sehr alt, vielleicht aus vor-israelitischer Zeit.
Der größte Teil befasst sich mit den langen Ausführungen von drei Freunden Hiobs. Sie zeigen verschiedene Haltungen gegenüber dem Problem des unverdienten Leidens, doch die letzte Antwort des Buches kommt von Gott selbst.

Lesestücke

Kapitel 38: Gott antwortet Hiob – in einem bemerkenswerten Beispiel für beste hebräische Poesie.

Kapitel 42,1-6: Hiobs demütige Antwort an Gott.

Kapitel 42,7-16: Die Geschichte hat ein Happy End!

Psalmen

Das Gebet- und Liederbuch Israels. Für die Kompakt-Bibel schlage ich zwei der bekanntesten und einprägsamsten Psalmen der Sammlung vor.

Lesestücke

Psalm 23: „Der Herr ist mein Hirte".

Psalm 139,1-18: Gottes umfassende Gegenwart.

Sprüche

Ein Buch voller „weiser Sprüche", die zum Teil Salomo zugeschrieben werden, dem weisen König von Israel. Eine Auswahl dieser Sprüche wurde bereits im Kapitel über Weisheitsliteratur vorgestellt.

Prediger

Ein anderes „Weisheits-Buch" – tiefschürfend und fast philosophisch denkt ein weiser, vielleicht etwas lebensüberdrüssiger Mann über das Leben und seinen Sinn nach.

Lesestücke

Kapitel 3,1-15: Ein wunderschönes Gedicht über die „Zeit".

Kapitel 12,1-7: Über das Alter und den Tod – eine Warnung an die Jugend!

Das Buch der Psalmen ist das Liederbuch Israels. Diese Sammlung von 150 Liedern handelt von Lobpreis, Reue, Gebeten, Sehnsucht und Suche nach Gott oder Fragen an Gott. Einige waren offensichtlich für den öffentlichen Gottesdienst geschrieben – z. B. die Lieder für den Aufstieg zum Tempel (120–134). Andere sind sehr persönlich (51, 42) und auch klagend (22, 109) oder beschreiben die Trauer der Israeliten während des Exils in Babylon (137). Man kann sagen, dass sich in den Psalmen „das ganze menschliche Leben" findet.

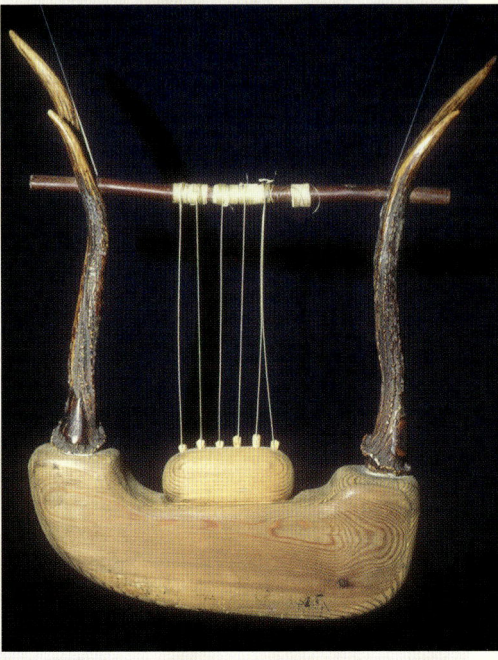

Rekonstruktion einer Harfe (hebräisch: Nevel), Haifa, Musik-Museum

Viele Psalmen werden David zugeschrieben, andere bestimmten Musikerfamilien. Einige Psalmen beklagen das Exil (Psalm 137), sind also entsprechend spät entstanden. Dessen ungeachtet hatte König David einen Ruf als Musiker und Sänger (vgl. 1. Samuel 18,10), und es gibt keinen Grund, wieso er nicht sowohl der Autor vieler Psalmen als auch der Förderer anderer Psalmisten sein sollte.

Manchmal wird der Text eines Psalms mit musikalischen Anweisungen versehen – die Melodie, zu der das Lied gesungen werden soll, wird genannt oder der geeignete Zeitpunkt für eine spezielle Kadenz oder einen Paukenschlag eingefügt („Selah" findet sich in verschiedenen Psalmen und zeigt vielleicht letzteres an; andere musikalische Anweisungen finden wir in den Überschriften von Psalmen – z. B. 76, 77 oder 80).

Hohelied

Das einzige wirklich erotische Buch der Bibel. Es wird Salomo zugeschrieben, der mit seinen 700 Frauen und 300 Nebenfrauen eigentlich alles darüber wissen sollte. Die Liebe wird gefeiert, ausgedrückt im poetischen Zwiegespräch, vermutlich zwischen Braut und Bräutigam. Wer denkt, die Bibel sei puritanisch, sollte dieses Buch lesen. Andere würden es als eine Zugabe der Kompakt-Bibel auslassen – aber sie könnten es bedauern!

Lesestücke

Kapitel 2,10-12: Stehe auf, meine Freundin, meine Schöne, und komm! Die Regenzeit liegt hinter uns, der Winter ist vorbei. Die Blumen beginnen zu blühen, die Vögel zwitschern …"

Kapitel 4,16: Eine Einladung an den Bräutigam: „Komme in deinen Garten und genieße die köstlichen Früchte."

Jesaja

Hier kommen wir zu den großen hebräischen Propheten, die einen Höhepunkt der Offenbarung Gottes im Alten Testament darstellen. „Jesaja" ist der Name des ganzen Buches, viele Forscher gehen aber davon aus, dass hier die Reden von zwei Propheten aufgeschrieben sind: Einer, der im 7. Jahrhundert v. Chr. prophezeite, bevor Jerusalem von Sanherib erobert wurde, und ein anderer, „Zweiter Jesaja" oder „Deutero-Jesaja", der im 6. Jahrhundert v. Chr. zum Ende der Gefangenschaft weissagte. Wie immer man die Autorenfrage beantworten mag, deutlich ist die Zweiteilung des Buches: Der erste Teil der Botschaft spricht von dem unvermeidlichen Gericht, wenn das Volk nicht seine Sünde bereut. Die Botschaft des zweiten Teils ist voller Hoffnung für die Zukunft, sowohl im Blick auf den Wiederaufbau Jerusalems als auch auf die große Erfüllung der Pläne Gottes mit der ganzen Welt.

Lesestücke

* Kapitel 1,1-20: Die zentrale Botschaft Jesajas in zwanzig Versen: Bleibe, wie du bist, und verderbe – kehre um zum Herrn, und iss die Güter des Landes.

Kapitel 6: Die dramatische Berufung des Propheten und Gottes Auftrag für ihn.

Kapitel 9: Eine hoffnungsvolle Zukunft blitzt auf: Ein Kind wird geboren werden, ewiger Friede wird folgen.

* Kapitel 11,1-10: Ein berühmter Abschnitt, der oft im Weihnachtsgottesdienst gelesen und von Christen als Vorhersage auf den Nachkommen Davids, Jesus, verstanden wird. Er wird eines Tages ein neues Reich des Friedens und der Gerechtigkeit aufrichten.

Kapitel 13-26: Das Gericht über die umliegenden Nationen gipfelt im

Gericht über das Volk Juda, das sich sicher und geborgen fühlt in der großen Stadt Jerusalem. (Man muss nicht den ganzen Abschnitt lesen, eine Kostprobe genügt.)

Kapitel 35: Ein plötzlicher hoffnungsvoller Einschub – der Blick auf die Zukunft, wenn sich die Wildnis freut und die Wüste blüht. Prophetie wird zur Poesie.

Kapitel 39: Das letzte Gericht: Jesaja warnt König Hiskia davor, dass alle Reichtümer des Palastes eines Tages nach Babylon verschleppt werden. Der König tröstet sich jedoch damit, dass das erst nach seiner Zeit geschehen wird.

Zweiter Teil (ab Kapitel 40)
Kapitel 40,1-11: Die Verheißung von Trost, Vergebung und Wiederherstellung … und Gott „kommt" selbst, um zu retten und für sein Volk zu sorgen.

Kapitel 42,1-4: Oft verstanden als eine weitere Prophetie über den Messias (vgl. Matthäus 12,15-21).

Kapitel 52,7-10: Gute Nachricht für Gottes Volk und eine Offenbarung für „alle Völker".

Kapitel 53: Der „leidende Knecht" des Herrn – ein Abschnitt, den Christen immer als eine eindeutige Vorhersage auf das

Leiden und Sterben Jesu „für unsere Schuld" sahen.

Kapitel 55: Eine wunderschöne und poetische Einladung an die geistlich Hungernden und Dürstenden zu „kommen und zu trinken" – keine Kosten, keine Bezahlung, reine „Gnade" (unverdiente Gunst). Ebenso die Aufforderung, den Herrn zu suchen, „solange er sich finden lässt".

* *Kapitel 60,1–3:* Die Herrlichkeit des Herrn wird Völker und Könige zum Licht ziehen. Dieser Gedanke nimmt die alte Verheißung wieder auf, das Abraham zum Segen der ganzen Welt berufen ist – und nicht nur zum Segen des jüdischen Volkes.

* *Kapitel 61,1–3:* Diese Passage las Jesus in der Synagoge von Nazareth (Lukas 4,16-21). Er nahm ziemlich mutig für sich in Anspruch, dass sie an diesem Tag, also mit seinem Kommen, „erfüllt" sei.

* *Kapitel 65,17–25:* Ein berühmtes Bild vom „goldenen Zeitalter" des Segens, das mit dem Kommen des verheißenen Messias anbricht. Das Buch der Offenbarung greift bei seinem Bild vom himmlischen „Jerusalem" (21,1-4) auf diese Vorstellungen zurück.

Fresko von Hesekiel und Jeremia, Avignoner Schule, im Papstpalast in Avignon

Jeremia

Jeremia wird oft als Unheilsprophet bezeichnet. Er wirkte während der letzten Jahre des Königreichs Juda. Die führenden Bürger, einschließlich des Königs Zedekia, wurden nach Babylon deportiert. Daher verwundert es nicht, dass das drohende Unheil das dominierende Element ist. Andererseits werden wir sehen, dass es – wie bei allen großen hebräischen Propheten – auch Abschnitte gibt, die in ein neues Zeitalter weisen. Jeremia lässt uns wie kein anderer der Propheten in seine Seele schauen; es finden sich sehr persönliche Abschnitte.

Lesestücke

Kapitel 1: Jeremias Berufung und die Zusammenfassung seiner Botschaft – die drohende Katastrophe kommt aus dem Norden und ist das Gericht über das Volk von Juda wegen seines Götzendienstes und seiner Sünden.

Kapitel 4,1-4: Was die Menschen in Israel und Juda tun müssten, um das Gericht abzuwenden.

Kapitel 11,1-13: Die eigentliche Sünde des Volkes war der willentliche Bruch des Bundes mit dem Herrn.

* Kapitel 18,1-10: Das Bild vom Töpfer und dem Ton zeigt Gottes Einfluss auf das Schicksal der Menschen. Dieses Bild greift der Apostel Paulus auf (Römer 9,19-21).

Kapitel 23,1-8: Eine Verheißung, dass Gott sein vertriebenes Volk eines Tages zurück in ihr verheißenes Land bringt. Einige haben darin prophetisch die Rückkehr des jüdischen Volkes nach Israel in unserer Zeit gesehen.

Kapitel 30,1-22: Eine typische paradoxe Aussage: Einerseits wird versprochen, dass Gott das „Joch, das auf ihnen lastet" zerbrechen wird (V. 8) und das Volk im verheißenen Land wiederherstellt. Andererseits wird klar gemacht, dass sie trotzdem nicht ungestraft davonkommen werden (V. 11) – tatsächlich ist ihre Wunde „unheilbar" (V. 12). Allerdings werden die, die sie ausgeraubt haben, selbst beraubt werden (V. 16). Dann wechselt die Stimmung schlagartig und wir befinden uns in einer Weissagung künftigen Heils: Die Stadt Jerusalem wird an alter Stelle wieder aufgebaut (V. 18.19). Man sollte in einer Vision nicht unbedingt Einheitlichkeit erwarten!

Der Rest des Buches führt uns erbarmungslos hin zu der endgültigen Plünderung Jerusalems und der Deportation des Königs und der Führungselite in die Gefangenschaft. Die kommende Bestrafung der babylonischen Eroberer durch den Herrn wird in gewisser Ausführlichkeit beschrieben, doch Hauptthema Jeremias sind die Könige Judas, die seine Warnungen ignorierten; besonders König Jojakim, der eine Schriftrolle mit einer Botschaft Jeremias zerschnitt und verbrannte

(36,9-32). Am Ende gibt es jedoch noch ein Hoffnungszeichen (52,31-34) – ein neuer babylonischer König begnadigt den gefangenen König Jojachin und lässt ihn bis zu seinem Lebensende an der königlichen Tafel speisen.

Klagelieder

Dieser Titel sagt schon alles: ein hebräisches Klagelied über die Gefangenschaft. Wenn Sie möchten, können Sie eine Kostprobe nehmen von einem ganz besonderen Beispiel der hebräischen Poesie, bei der nicht Rhythmus oder Versmaß im Vordergrund steht, sondern das Gleichgewicht der Gedanken. Man nennt das „Parallelismus", und dieses Gedicht ist voll davon:
„Unsere Freude
ist verflogen,
das Singen und Tanzen
ist zum Trauerlied geworden."
(Klagelieder 5,15)

Hesekiel

Hesekiel, der dritte große hebräische Prophet, begann seinen Dienst im fünften Jahr des Exils, das Jeremia in seinem letzten Kapitel beschrieb. Gottes Ruf erreichte ihn, als er „mit den verbannten Judäern am Fluss Kebar in Babylonien" saß (1,1). Das Buch ist nicht einfach zu lesen, selbst für erfahrene Bibelleser. Doch es enthält Passagen, die bedeutsam sind für die großen Themen der Bibel, und etliche Visionen mit einer außergewöhnlichen Kraft und Fantasie. Die erste davon finden wir in Kapitel 1.

Lesestücke
Kapitel 1,4-28: Ich gab einmal einer Grundschulklasse die Aufgabe, diese Vision zu zeichnen – die Ergebnisse waren umwerfend! Vielleicht braucht man die bildliche Vorstellungskraft eines Kindes, um diese Vision von Gottes Thronwagen zu verstehen. Ein riesiger Wagen mit Rädern und Augen, der sich in jede Richtung bewegen kann, auch auf und ab, und der gesteuert wird vom „Geist", der in ihm ist. Über dem Fahrzeug ist eine glänzende Gestalt, „die einem Menschen glich". Am Ende zieht sich der Prophet auf eine alltägliche Metapher zurück: „In dem Licht konnte ich alle Farben des Regenbogens entdecken" (V. 28).

Kapitel 2: In dieser Vision spricht eine Stimme zu Hesekiel und beruft ihn als Gottes Gesandten zum „widerspenstigen Volk" Israel und Juda.

Kapitel 3,14-21: Der zögernde Prophet wird vom „Geist" hochgehoben und bei den Exilanten abgesetzt. Er saß unter ihnen, teilte ihr Elend – und empfing dann seinen göttlichen Auftrag. Er muss ohne falsche Rücksicht sagen, was auch immer Gott ihm mitteilt. Ansonsten wird er und nicht das Volk für deren Sünden zur Verantwortung gezogen.

* Kapitel 13,8-16: Worte gegen falsche Propheten – sie rufen „Friede", doch es gibt keinen Frieden (V. 10). Übrigens hat sich auch Jesus zu dem Thema geäußert (Matthäus 7,15-19).

Kapitel 4-41: Das Urteil Gottes über alle Mächte, Völker und Stämme der Antike, besonders über die mächtigsten: Babylon und Ägypten. Ebenso auch die Urteile über Israel und Juda. Man muss diese Texte – außer den folgenden – im Rahmen unseres Überblicks nicht lesen.

* *Kapitel 36,24-32:* Die Verheißung der Erneuerung Israels. Es wird ein „neues Herz" bekommen und gereinigt von der Vergangenheit unter Gottes Segen leben.

* *Kapitel 37,1-14:* Die Vision vom Tal mit den vertrockneten Knochen. Wie alle anderen Propheten unterbricht Hesekiel gelegentlich die Anklage und liefert eine hoffnungsvolle Zukunftsvision. Das eindringliche Bild beschreibt Knochen, die durch Gottes Geist wieder belebt werden – „die Israeliten gleichen diesen verdorrten Gebeinen" (V. 11).

Kapitel 41-44,4: Eine Vision vom wieder aufgebauten und erneuerten Tempel des Herrn. Jeglicher Götzendienst, der ihn verunreinigt hat, ist entfernt; das Gebäude ist erfüllt von der „herrlichen Erscheinung des Herrn" (44,4).
Der weitere Teil des Buches beschäftigt sich überwiegend mit dieser verheißenen Zukunft in einem wiederhergestellten Jerusalem mit einem neuen Tempel als dem Zentrum der Anbetung des Herrn.

Daniel

Dieses Buch bezieht sich in den ersten sechs Kapiteln auf verschiedene Ereignisse während der Babylonischen Gefangenschaft in der ersten Hälfte des 6. Jahrhunderts v. Chr. Im Zentrum steht Daniel, der auch mit seinem babylonischen Namen Beltschazar bekannt wird. Hierzu gehören die Geschichten von Daniel in der Löwengrube (Kapitel 6) und von den drei Freunden Daniels im Feuerofen (Kapitel 3). Beide gelten als Belege dafür, dass Gott den Mut und die Treue seines Volkes belohnt, das in einer fremden Kultur an seiner eigenen Religion festhält. Zwischen diesen beiden Geschichten lesen wir von der großen Weisheit und Einsicht Daniels, die er bei der Auslegung von Träumen des Königs zeigte. Berichtet wird auch von dem Fest des Königs Belsazar, bei dem eine Hand eine Gerichtsbotschaft an die Wand schrieb (Kapitel 5). All das ist bestimmt lesenswert, auch wenn es nicht entscheidend ist für unsere Kompakt-Bibel.
Die zu lesenden Abschnitte stammen alle aus den Visionen Daniels von Kapitel 7 bis12.

Lesestücke
* *Kapitel 7,9-14:* Die Vision vom himmlischen Thron und einem „alten Mann" (wörtlich „alt an Tagen"), der der Herr selber sein muss. Ein „Menschensohn" erscheint vor dem „alten Mann" und bekommt die Herrschaft über alle irdische Macht. Jesus übernahm den Aus-

מְנֵא
מְנֵא תְּקֵל
וּפַרְסִין

druck „Menschensohn" als seine Selbstbezeichnung. Die Prophezeiung steht mitten in einer Vision von vier Tieren, die die Erde terrorisieren, bis sie überwältigt werden von dem „Alten".

Kapitel 12,1–4: Eine Leidenszeit führt zu einer Zeit der Errettung, in der selbst Tote zum Leben erweckt werden. Viele Formulierungen nimmt Jesus in seinen Worten über die Zukunft auf (z. B. Markus 13,19–27).

Nun folgen in der Bibel zum Abschluss des Alten Testaments zwölf

Das Gastmahl des Belsazar, von Rembrand van Rijn (1606–1669)

Bücher, die bekannt sind als die „kleinen Propheten". Sie sind nicht untergeordnet oder weniger wichtig, sondern lediglich viel kürzer als Jesaja, Jeremia, Hesekiel oder auch Daniel.

Hosea

Die Prophezeiungen stammen aus dem 8. Jahrhundert v. Chr. Hosea lebte im Nordreich Israel, das er manchmal „Ephraim" nennt. Er warnt sein eigenes Volk, dass die Untreue, der Flirt mit den Göttern der Nachbarstaaten, zu Gottes Gericht führen wird – eines der Hauptthemen der Propheten! Anscheinend verdeutlicht er seine Botschaft durch seine persönliche Erfahrung: Seine Frau war untreu, doch holte er sie wieder zu sich zurück.

Lesestücke
Kapitel 1,2-2,1: Zusammenfassung der Botschaft Hoseas: Israel war untreu, doch eines Tages wird Gott es zurückgewinnen und mit dem Südreich Juda vereinigen.

Kapitel 6,1-10: Der grundlegende Widerspruch des Buches: Gott liebt sein Volk (V. 1-3), aber die Liebe des Volkes zu ihm ist wechselhaft und oft nur eine leere Schau.

Kapitel 11,1-11: Ein reizvolles Gedicht über die Liebe Gottes, selbst angesichts der Gleichgültigkeit seines Volkes.

Joel
Ein eindrucksvolles Stück prophetische Literatur, das sich nicht wie die anderen vorrangig mit unmittelbaren politischen Bedrohungen beschäftigt. Der Autor ist abgesehen von diesem Buch unbekannt, die Datierung daher unsicher. Joel beschreibt als Zeichen des Gerichtes eine fürchterliche Heuschreckenplage. Wirkliche Buße ist nötig – nicht nur ein Ritual. Dann wird der Geist Gottes ausgeschüttet werden (3,1-5) und Gottes Feinde werden gerichtet (Kapitel 4).

Lesestück
Kapitel 3,1-5: Die bekanntesten Worte Joels, zitiert vom Apostel Petrus an Pfingsten (Apostelgeschichte 2,17-21)

Amos
Der Prophet Amos lebte im 8. Jahrhundert v. Chr. im Südreich Juda, doch richtet sich seine Botschaft überwiegend an die Menschen im Nordreich. Weil sie die jüdische Religion korrumpiert haben, wird das Gericht nicht ausbleiben. Das Buch enthält fünf Gerichtsvisionen und gegen Ende auch einen Abschnitt, der von der Hoffnung und der Wiederherstellung des Thrones Davids in der Zukunft spricht.

Lesestücke
Kapitel 3,2-8: Wer erwählt ist, übernimmt Verantwortung. Diejenigen, denen Gott mehr gegeben hat, werden härter für ihre Sünden bestraft (Jesus lehrt diesbezüglich eine etwas mildere Version; vgl. Lukas 12,48). Gott ist der absolute Herr unseres Schicksals und die Propheten sind seine Stimme (6-7).

Kapitel 8,4-7: Eine berühmte Verurteilung von sozialer und wirtschaftlicher Ungerechtigkeit.

Kapitel 9,13-15: Der hoffnungsvolle Abschluss mit einer Serie eindrücklicher Bilder.

Obadja
Das kürzeste Buch in den hebräischen Schriften – und Teile davon

finden sich bei Jeremia und Joel wieder. Seine Botschaft ist das Gericht Gottes über das Volk der Edomiter für ihren Umgang mit dem Volk Israel.

Jona

Nahezu jeder kennt die Geschichte von Jona im Bauch des Wal (wörtlich: „großer Fisch"). Leider ist das dann auch schon alles, was sie von diesem kleinen, faszinierenden Buch wissen. Strittig ist natürlich, schon wegen der unglaublichen Geschichte vom „Wal", ob hier eine streng historische Erzählung vorliegt oder ob es sich um eine Art erweitertes Gleichnis über die Themen Führung Gottes, menschliche Buße und Dankbarkeit für göttliche Gnade handelt. Jona wird von Gott geschickt, um die Bewohner von Ninive, der Hauptstadt des assyrischen Reiches, zu warnen. Sie sollen über ihre Sünden Buße tun oder Gott wird sie strafen. Jona weigert sich, den Auftrag auszuführen. Vor allem wohl deshalb, weil er nicht will, das Gott gnädig an diesen Heiden handelt, die Israel ja bedrohen. Er besteigt ein Schiff und versucht dem Auftrag Gottes zu entfliehen, gerät dabei jedoch in einen Sturm. Die Seeleute entscheiden (auf Jonas Zeugnis hin), dass Jona die Ursache der Misere ist, weil er den Zorn seines Gottes auf sich geladen haben muss, und werfen ihn über Bord. Jona wird von einem großen Fisch verschluckt. Als der ihn drei Tage später wieder ausspuckt, akzeptiert Jona, dass er wohl besser Gottes Willen erfüllen sollte. Er predigt den Menschen in Ninive – und sie tun Buße und werden von Gott verschont. Anstatt sich darüber zu freuen, ärgert sich Jona über die Barmherzigkeit Gottes. Als er jedoch im Schatten eines großen Strauchs sitzt, lernt er eine wichtige Lektion …

Lesestück

Kapitel 3,10-4,11: Gottes Anschauungsunterricht für Jona.

Micha

Micha ist ein alter Prophet mit einer bemerkenswert „modernen" Botschaft – der durchschnittliche moderne Leser wird sicher vieles finden, dem er zustimmt! Er lebte zur Zeit Jesajas, war aber deutlich jünger. Micha kündigte das Gericht über Samaria, die Hauptstadt des Nordreiches, und Jerusalem an; letzteres lag zu der Zeit ja noch weiter in der Zukunft. Sein größter Vorwurf ist allerdings nicht, dass die Menschen den zerstörerischen Einflüssen der kanaanitischen Religion erlegen waren, sondern grundlegenden Sünden: Er prangert die Geldgier und die Ausbeutung der Armen und Machtlosen an. Er entfaltet Gottes Ansprüche in einer unvergleichlich wortgewandten Sprache.

Lesestücke

Kapitel 3,9-12: Die Sünden der „religiösen" Leute.

Kapitel 4,1-5: Ein wunderschönes Bild von der idealen Gesellschaft, die unter Gottes Schutz lebt.

Kapitel 6,6-8: Die klarste Zusammenfassung der Bibel über das, was „wahren Gottesdienst" ausmacht.

Nahum

Nahums Prophetie ist eine „Vision" und stammt vermutlich aus dem 7. Jahrhundert v. Chr., der Zeit nach dem Fall von Theben, der großen Stadt im Norden Ägyptens, aber noch vor der Eroberung Ninives durch die Meder, deren Zerstörung er voraussagt. Er sieht die politischen Ereignisse als Beweis für ein unveränderliches Prinzip des Herrn: Wer sich selbst erhöht und die Macht und Autorität beansprucht, die allein Gott gehört, wird zu Fall gebracht.

Habakuk

Über den Autor ist nur sehr wenig bekannt und es fällt schwer, das Buch zu datieren. Es entfaltet eine heftige Debatte darüber, wie ein heiliger Gott ein so korruptes Volk wie die Chaldäer (die Babylonier) dazu gebrauchen kann, sein eigenes Volk zu strafen. Die Antwort liegt darin, dass diese selbst zu gegebener Zeit von ihm gerichtet werden.

Zefanja

Zefanja (7. Jahrhundert) wiederholt die Warnungen früherer Propheten an Juda und Jerusalem, umzukehren, bevor die Katastrophe kommt. Er betont vor allem das Kommen des „Tages des Herrn", an dem Gott sein gerechtes und barmherziges Regiment über Israel und die Völker wieder aufrichten wird. Der „Tag des Herrn" wurde ein wesentliches Motiv des jüdischen Denkens bis zur Zeit Christi, der sein eigenes „zweites Kommen" mit dem großen Tag der Gerechtigkeit Gottes verband.

Lesestücke

Kapitel 1,14-18: Der Tag des Herrn als Tag der lange überfälligen Vergeltung für die Sünde.

Kapitel 3,14-20: Ein ganz anderes Bild vom selben Tag – jetzt eine Zeit der Freude und Wiederherstellung. Sie folgt der Wohltat an den „Übriggebliebenen in Israel" (3,13) – fromme Juden, durch die der Segen am Ende kommen wird. Das Thema dieses „heiligen Restes" ist sowohl im Alten als auch im Neuen Testament wichtig geworden.

Haggai

Haggai prophezeite zur Zeit des Nehemia. Der Wiederaufbau des Tempels schien nach 18 Jahren Bauzeit zum Erliegen gekommen zu sein. Seine Botschaft lautet: Denkt über Gottes Segen nach und ordnet eure Prioritäten neu. Das Haus Gottes liegt noch in Trümmern, doch die eigenen Häuser sind komfortabel. Kein Wunder, dass die Wirtschaft zusammenfällt! „Gebt Gott den ersten Platz, und es wird euch gut gehen", sagt Haggai. Das ermutigte das Volk, zur Arbeit am Tempel zurückzukehren (1,14-15).

Lesestück
Kapitel 2,16-19: Der Segen, der auf Gehorsam folgt.

Sacharja
Wie Haggai steht dieses Buch im Zusammenhang mit dem Wiederaufbau Jerusalems. Kapitel 1-8 beziehen sich auf Ereignisse aus den letzten Jahren des 6. Jahrhunderts v. Chr., die auch in Esra 5-6 beschrieben werden.

Das Buch verknüpft acht Visionen, von denen einige im Stil sehr apokalyptisch sind, die sich aber vermutlich nicht auf bestimmte historische Ereignisse beziehen. In den späteren Kapiteln gibt es einen Hinweis auf den „guten Hirten" des Volkes, dessen Tod eine Quelle entspringen lässt, die von Sünde reinigt und die Zeit der Prophetie zu Ende bringt (13,1-9).

Lesestücke
Kapitel 8,1-8: Ein Bild des erneuerten Jerusalems: Alte Menschen mit einem Stock in der Hand, Kinder, die auf den Straßen spielen; alle genießen die Segnungen Gottes.

Kapitel 12,10-14; 13,1.7-9: Gottes Knecht, der „Hirte", wird erschlagen; daraus wird am Ende Segen strömen. Traditionell haben Christen hier eine Prophetie über Jesus, den „guten Hirten", gesehen (Johannes 10,11).

Maleachi
Das letzte Buch im Alten Testament wurde vermutlich im 5. Jahrhundert v. Chr. geschrieben. Der Tempel ist wiederaufgebaut und noch nicht durch den Einmarsch der Griechen zerstört. Opfer werden zwar dargebracht, doch sind die Priester bei ihren religiösen Aufgaben fahrlässig und achtlos. Das Volk ist zufrieden, ist aber im Blick auf die Religion Kompromisse eingegangen: Gemischte Ehen werden akzeptiert und das Opfer für den Tempel, der „Zehnte", wird nicht in voller Höhe bezahlt. Vom Propheten werden daher verschiedene Anklagen gegen Israel vorgebracht. Im 3. Kapitel geht er auf die inzwischen verbreitete Vorstellung des „Tages des Herrn" ein; dieser wird Gericht und Segen bringen.

Lesestücke
Kapitel 3,1-5: Der Tag des Herrn ist eine Zeit der Gerechtigkeit und des Segens.

Kapitel 3,19-24: Der Tag, an dem „die Rettung kommen wird, wie am Morgen die Sonne aufgeht". Elia wird kommen und die Herzen des Volkes für diesen Tag vorbereiten (vgl. Lukas 1,17, wo das auf Johannes den Täufer bezogen wird).

Die Apokryphen
Einige Bibeln enthalten sechs oder sieben weitere Bücher im Alten Testament, die in anderen Bibeln meist nicht erscheinen, zudem Ergänzungen zu den Büchern Esther und Daniel. Diese Texte, die meist nur in der griechischen Version des

Alten Testaments überliefert sind und aus der Zeit zwischen dem Alten und Neuen Testament stammen, sind die so genannten „Apokryphen" (griechisch: „verborgen").

Manchmal nennt man sie auch die „deuterokanonischen Bücher" – sie gehören sozusagen zu einem zweiten, erweiterten „Kanon". Ihre Stellung innerhalb der hebräischen Schriften ist umstritten. In den Bibeln, die von evangelischen Kirchen verwendet werden, findet man diese Bücher manchmal als eigenen Abschnitt zwischen dem Alten und Neuen Testament. Hier wird in der Regel die Ansicht vertreten, dass die Apokryphen zwar nützliche Dinge zu sagen haben, aber nicht eigentlich zur inspirierten Bibel gehören. Auch das Judentum betrachtet sie nicht als heilige Schriften. Die römisch-katholische Kirche hatte sie im 16. Jahrhundert offiziell in ihren „Kanon" aufgenommen. Einige dieser Schriften, besonders die Makkabäer-Bücher, sind wertvolle historische Quellen.

DAS NEUE TESTAMENT

Matthäus

Wir haben die vier Evangelien bereits zuvor näher betrachtet. Deshalb schlage ich einige Abschnitte aus jedem Evangelium vor, die repräsentativ sind für den jeweiligen Stil und den Ansatz eines Evangeliums. Allerdings empfiehlt es sich selbst im Rahmen unserer „Kompakt-Bibel", sie einmal vollständig zu lesen. Sie sind alle zusammen nicht umfangreicher als ein schmales Taschenbuch.

Lesestücke

Kapitel 2,1-15: Matthäus berichtet von der Geburt Jesu – eine andere Geschichte als bei Lukas, aus einem anderen Blickwinkel. Der entscheidende Faktor bei Matthäus ist, wie ja auch sonst, die Erfüllung der Verheißungen des Alten Testaments (vgl. V. 6.15). In seiner Geschichte sind noch verschiedene andere Anspielungen auf die Schrift versteckt.

Kapitel 5,1-12: Die berühmten „Seligpreisungen" – die Beschreibung derer, die von Gott gesegnet werden.

Kapitel 6,23-34: Worte Jesu über die Sorgen des Lebens.

Kapitel 11,25-30: Jesu Einladung an die „Müden".

Kapitel 13,1-9: Das Gleichnis vom Sämann – ein typisches Beispiel für den Lehrstil Jesu.

Kapitel 14,13-21: Matthäus' Version von der Speisung der Fünftausend – umfangreicher als bei Markus.

Kapitel 16,13-27: Der Wendepunkt im Evangelium – der Augenblick, in dem die Jünger ihren Glauben bekennen, dass Jesus tatsächlich der Messias ist. Seine Reaktion darauf überrascht sie.

Kapitel 18,1-5: Jesus spricht über das Wesen des Glaubens – wie ein Kind, aber nicht kindisch.

Kapitel 21,1-13: Der triumphale Einzug Jesu, des „Propheten aus Galiläa", in Jerusalem. Jesus treibt die Händler aus dem Tempel.

* Kapitel 26,57-68: Der Prozess Jesu vor dem Hohepriester.
(Im Blick auf die Verhandlung vor Pilatus, die Verurteilung und die Kreuzigung Jesu wollen wir den Bericht des Markus lesen, ergänzt durch die Aspekte der Geschichte, die in den anderen Evangelien ausgeführt werden. Beim Bericht von der Auferstehung wollen wir Lukas folgen.)

*Kapitel 28,16-20: Der „Missionsbefehl" – Jesus sendet seine Jünger aus, um die Botschaft der ganzen Welt („allen Nationen") zu bringen; und er verspricht, für immer bei ihnen zu sein.

Markus
Lesestücke
Kapitel 1,1-15: Mit der gewohnten Kürze führt uns Markus durch den Dienst von Johannes dem Täufer, dem „Wegbereiter" für den Messias,

Erscheinung Christi auf dem Berg von Galiläa, *von Duccio di Buoninsegna (ca. 1260–1318)*

die Taufe Jesu und die dramatische Ankunft Jesu in Galiläa, „um dort Gottes Botschaft zu verkündigen".

Kapitel 2,1-12: Jesus heilt nicht nur einen Gelähmten, sondern vergibt seine Sünden – zum allgemeinen Entsetzen der Leute.

Kapitel 3,13-19: Jesus wählt seine 12 Apostel aus (das Wort bedeutet „Gesandte").

* *Kapitel 4,35-41:* Jesus stillt den Sturm.

Kapitel 6,14-29: Johannes der Täufer wird auf Bitten der Tochter der Herodias von König Herodes enthauptet.

Kapitel 7,1-23: Jesus unterscheidet zwischen religiösen Traditionen und Ritualen und wahrer innerer Reinheit.

* *Kapitel 9,1-13:* Die „Verklärung" Jesu. Die Jünger erleben auf dem Berg Jesus in seiner Herrlichkeit, gemeinsam mit Mose, dem Gesetzgeber, und Elia, dem ersten der großen Propheten Israels. Gott sagt ihnen, dass sie auf Jesus hören sollen.

* *Kapitel 9,30-41:* Eine ernste Warnung vor dem, was kommen wird. Eine Lektion in wahrer Demut. Und eine andere über die Gefahr eines „exklusiven" Zugangs zur Religion.

Kapitel 11,27-33: Fragen nach der Vollmacht.

* *Kapitel 12,28-34:* Das größte Gebot.

Kapitel 13,1-27: Jesus stellt seine eigene „Apokalypse" vor – eine verborgene oder verschlüsselte Prophetie über das, was kommen wird bis zu seiner Rückkehr „in großer Herrlichkeit".

* *Kapitel 14,1-13:* Eine Frau salbt die Füße Jesu. Judas entscheidet sich, ihn zu verraten.

* *Kapitel 14,17-50:* Das „Abendmahl", der Kampf Jesu im Garten Gethsemane und seine Festnahme durch die von Judas Iskariot angeführte Gruppe von Soldaten. Die Jünger fliehen.

* *Kapitel 14,66-72:* Petrus verleugnet Jesus.

* *Kapitel 15:* Die Passionsgeschichte bei Markus – das Verhör vor Pilatus, die Freilassung des kriminellen Barabbas, Geißelung, Kreuzigung, Tod und das Begräbnis in einem privaten Grab.

Lukas
Lesestücke
* *Kapitel 1,26-38:* Die „Ankündigung" – der Engel sagt Maria, dass sie die Mutter des Messias werden wird. Das „Ave Maria".

* *Kapitel 2,1-19:* Die Geburt Jesu in Bethlehem.

DR. LUKAS

Wenn wir die Autoren der Bibel betrachten, muss Lukas einen wichtigen Platz einnehmen. Seine beiden umfangreichen Bücher, das Lukasevangelium und die Apostelgeschichte, füllen mehr als ein Viertel des ganzen Neuen Testaments. Lukas war nicht nur ein vollendeter Geschichtenerzähler, sondern auch ein bedachter Autor, der Wert auf einen guten Stil legte. Er wurde in der heutigen Türkei geboren, war als „Arzt" sehr gebildet und begleitete den Apostel Paulus auf seinen Reisen.

Kapitel 3,1-6: Johannes der Täufer beginnt seinen Dienst.

* Kapitel 4,1-13: Die Versuchung (oder „Prüfung") Jesu in der Wüste.

* Kapitel 4,16-30: Jesus in der Synagoge seiner Heimatstadt Nazareth.

Kapitel 7,18-23: Die Jünger des Johannes fragen, ob Jesus der Eine ist, „der kommen soll". Seine Antwort: Seht auf das, was vor euren Augen passiert!

Kapitel 7,36-49: Eine „sündige Frau" salbt die Füße Jesu.

* Kapitel 10,25-37: Der barmherzige Samariter – der wahre „Nächste".

* Kapitel 11,1-4: Jesus lehrt beten (vgl. die längere Version in Matthäus 6,9-13).

Kapitel 14,1-11: Eine Heilung am Sabbat (eine von verschiedenen).

Das Wesen wahrer Ehre, die nicht „gefordert" werden kann.

* Kapitel 15,11-32: Die Geschichte des verlorenen Sohns und seines älteren Bruders – über das Wesen des Vaters.

* Kapitel 18,9-14: Der Pharisäer und der Zöllner – eine Lektion über wahre Reue.

* Kapitel 20,27-39: Jesus weist die Fangfrage der Sadduzäer nach dem Fortbestand der Ehe im ewigen Leben zurück.

* Kapitel 23,32-43: Am Kreuz vergibt Jesus seinen Mördern und auch einem Dieb, der neben ihm gekreuzigt wird.

* Kapitel 24,1-43: Lukas' Bericht von der Auferstehung und den Erscheinungen Jesu – zuerst den Frauen, dann zwei seiner Nachfolger auf der Straße nach Emmaus, schließ-

Die Bibel verstehen

lich allen Jüngern im oberen Raum in Jerusalem.

Kapitel 24,50-53: Jesus verlässt seine Jünger und kehrt in den Himmel zurück.

Johannes

Das Johannesevangelium unterscheidet sich in Stil, Anliegen und in einigen Inhalten von den anderen drei. Für die Kompakt-Bibel schlage ich einige der markanten und bedeutsamen Passagen vor, die diesen Unterschied deutlich machen.

Lesestücke

Kapitel 1,1-18: Der prächtige „Prolog" des Johannesevangeliums – ein Spiegelbild des ersten Verses der Bibel („Im Anfang schuf Gott ...") und die Einführung des Konzeptes von Jesus als Gottes Wort.

Kapitel 2,1-11: „Wasser in Wein" – das erste „Zeichen" der „Herrlichkeit" Christi.

Kapitel 3,1-17: Das Gespräch zwischen Jesus und Nikodemus, einem jüdischen Führer und Mitglied des Rates.

Kapitel 4,19-24: Das wahre Wesen der Anbetung – einer samaritischen Frau am Jakobsbrunnen erklärt.

Kapitel 5,19-29: Jesus erklärt den kritischen Zuhören das Wesen seiner

Jesus allein am Kreuz,
von James Tissot (1836–1902)

eigenen Mission auf der Erde: „Leben" geben.

Kapitel 6,30-51: Im Anschluss an das Wunder von den Broten und Fischen erklärt Jesus der Menge, die ihm gefolgt ist, dass er das wahre „Brot des Lebens" ist.

Kapitel 8,1-11: Die Frau, die beim Ehebruch erwischt wurde.

Kapitel 8,31-36: Das Wesen wahrer Freiheit.

Kapitel 10,1-16: Jesus, der „gute Hirte".

Kapitel 11,44: Die Auferweckung des Lazarus.

Kapitel 13,1-17: Jesus wäscht seinen Jüngern die Füße.

Kapitel 14,1-17: Jesus, der Weg, die Wahrheit und das Leben, das perfekte „Abbild" des Vaters. Die Verheißung vom Kommen des Heiligen Geistes als „Anwalt" oder Beistand der Jünger.

Kapitel 15,12-17: Das neue Gebot Jesu.

Kapitel 18,28-40: Pilatus befragt Jesus (eine längere Version als in den anderen Evangelien).

Kapitel 19,26-30: Jesus kümmert sich um die Versorgung seiner Mutter. Er stirbt.

JESUS

Es ist schon eigentümlich, dass Jesus – soweit wir wissen – nie selbst ein Buch schrieb. Dabei haben seine Nachfolger viele einzigartige Lehren von ihm überliefert. Der einzige Hinweis, dass er selbst etwas schreibt, findet sich in jener Geschichte, in der eine Ehebrecherin vor ihn gestoßen wurde; Jesus kritzelte damals etwas in den Staub (Johannes 8,6).

Matthäus, Markus und Lukas haben die Lehren Jesu im Stil eines jüdischen Lehrers jener Zeit abgefasst – sie könnten daher aus seinem Mund stammen. Die bei Johannes erhaltenen Jesusworte unterscheiden sich deutlich in Stil und Inhalt. Sie tragen die Handschrift eines älteren Jüngers, der sich an seinen alten Lehrer erinnert.

Es scheint keinen Grund zu geben, daran zu zweifeln, dass die Evangelien eine authentische Wiedergabe der Lehren Jesu sind. Man kann nur schwer glauben, dass irgendein normaler Sterblicher sie erfunden und Jesus in den Mund gelegt haben könnte.

Kapitel 20,11-18: Jesus begegnet Maria aus Magdala nach der Auferstehung am Grab.

Kapitel 21,13-19: Petrus wird von Jesus befragt und dann neu beauftragt.

Apostelgeschichte

Die Apostelgeschichte ist der Bericht von Lukas über die frühen Jahre der christlichen Kirche in den Tagen der Apostel. Als Begleiter des Paulus war er Augenzeuge von einigen Ereignissen der späteren Geschichte. Die ausgewählten Passagen sind meiner Meinung nach die bedeutsamsten, doch ist die ganze Geschichte faszinierend.

Lesestücke

Kapitel 1,6-12: Die „Himmelfahrt" Jesu.

Kapitel 2,1-42: Der Pfingsttag. Der Heilige Geist wird ausgegossen auf die Apostel. Die Predigt des Petrus und eine Massentaufe.

Kapitel 7,51-60: Der Märtyrertod des Stephanus nach einer kraftvollen Rede vor dem Hohen Rat – nur der letzte Teil der Rede wird hier gelesen.

Kapitel 9,1-19: Die Bekehrung des Saulus (Paulus) auf der Straße nach Damaskus.

Kapitel 10: Die Bekehrung und Taufe des Kornelius und seiner Familie; die ersten Heiden, die sich zum Christentum bekehren.

Kapitel 12,1-11: Jakobus, der Bruder des Johannes, wird hingerichtet und Petrus inhaftiert, aber durch einen Engel befreit.

Kapitel 13,1-12: Saulus (Paulus) und andere werden beauftragt zu dem, was wir heute „Missionsdienst" nennen.

Der übrige Teil der Apostelgeschichte ist ein ausführlicher Bericht von den Reisen des Paulus. Er predigte und gründete überall in Kleinasien und Griechenland Gemeinden. Sie endet mit seiner gefährlichen Reise nach Rom als Gefangener. Paulus war römischer Bürger und hatte sich daher auf den Kaiser berufen, um seinen Fall vor ihm verhandeln zu lassen. Paulus lebt unter Hausarrest in der Hauptstadt.

Römer

Wenn wir uns den Briefen des Apostels Paulus zuwenden, müssen wir etwas anders vorgehen. Ich habe versucht, die Kernaussagen jedes Briefes zusammenzufassen und diese dann mit einigen wenigen, kurzen inhaltlichen „Geschmacksproben" nachzuzeichnen. Paulus argumentiert scharfsinnig, und ich gestehe ein, dass viel von jenem Scharfsinn bei dieser Methode verloren geht. Ich hoffe allerdings, dass diese Kostprobe Ihren Appetit anregt, und Sie sich eines Tages über die ganze Mahlzeit hermachen.

Der Römerbrief ist das große theologische Werk des Paulus. Hier führt er sein Anliegen aus, dass man nicht durch das Einhalten von Regeln und Regelungen zu Gott findet (er nennt dies „das Gesetz"), sondern durch den Glauben an Jesus Christus, der eine Gabe Gottes ist. Paulus nennt

PAULUS

Der Apostel Paulus wurde in Tarsus, einer kleinen jüdischen Kolonie in Kleinasien (Türkei) geboren und als orthodoxer Jude in Jerusalem erzogen. Seine Bekehrung wenige Jahre nach dem Tod Jesu ist einer der großen Wendepunkte in der Geschichte der ersten Christen. Seine Briefe füllen fast ein Viertel des Neuen Testaments. Allerdings wird unter einigen modernen Gelehrten diskutiert, ob er wirklich alle selbst geschrieben hat. Es war in jener Zeit durchaus üblich, einen Schreiber zu beschäftigen, was Paulus auch tat – dieser Schreiber könnte manchmal die Gedanken des Apostels in eigenen Worten wiedergegeben haben. Paulus selbst schrieb nur wenige Worte – dann, wenn er das ausdrücklich sagt, um die Autorität einer Botschaft zu bestätigen (vgl. z. B. 1. Korinther 16,21, Galater 6,11). Man hätte jedoch dem Apostel wohl kaum einen gefälschten Brief unterschieben können.

Die meisten Paulusbriefe können datiert werden zwischen 54 und 60 n. Chr., rund 24 bis 30 Jahre nach dem Tod Jesu.

das „Gnade". Er zeigt, dass dieser Grundsatz schon immer galt; Glaube war das Zentrum der Beziehung zwischen den großen Gestalten in Israels Vergangenheit und dem Herrn. Wie in fast allen Briefen schließt er mit praktischen Anweisungen zu Lebensstil und Gottesdienst und mit persönlichen Grüßen.

Lesestücke
Kapitel 1,1-4: Eine Zusammenfassung des Evangeliums, das Paulus vertritt.

Kapitel 1,16.17: Der Kernsatz von der „Gerechtigkeit aus Glauben" – der Martin Luther zu seiner Schlüsselerkenntnis führte.

Kapitel 1,18-23: Die erfolglose Suche des Menschen nach Gott.

Kapitel 3,21-26: Das Anliegen des Paulus in Kürze: Alle haben gesündigt, alle können gerechtfertigt (d. h.: als schuldlos betrachtet) werden durch Gottes Gnade aufgrund dessen, was Jesus für die Menschen getan hat.

Kapitel 8,31-39: Ein bewegendes Zeugnis: Paulus ist überzeugt, dass nichts auf der Erde oder im Himmel ihn jemals trennen kann von Gottes Liebe.

Kapitel 9-11: Die Frage nach der Zukunft für das jüdische Volk, dem Erben des ursprünglichen Bundes. Paulus glaubte, dass am Ende „ganz Israel gerettet wird" (11,26).

Kapitel 12,9-21: Wie Christen leben sollten – die Lehre Jesu klingt durch.

1. Korinther
Die beiden Briefe an die Gemeinde in Korinth sind offensichtlich Antworten; zunächst auf Berichte, die Paulus erreicht haben, dann auf einen Brief, den er von dort erhielt. Der erste Brief beschäftigt sich mit Gemeindezucht und Gottesdienst (ein ernster Fall von sexueller Sünde und der undisziplinierte Gebrauch der Geistesgabe der Zungenrede). Das Buch enthält einige denkwürdige Passagen, die hier genannt werden.

Lesestücke
Kapitel 1,18-25: Die „Torheit" des Kreuzes im Vergleich zur Weisheit der menschlichen „Philosophie".

Kapitel 11,23-29: Der älteste bekannte Bericht über die Einrichtung des „Abendmahls" durch Jesus (um 55 n. Chr.).

Kapitel 13: Paulus' berühmtes Lied über die Liebe (agape, die sich selbst gebende, aufopfernde Liebe).

Kapitel 15,1-11: Paulus fasst das Evangelium zusammen, das er nach seiner Bekehrung gelernt hat. Vermutlich der älteste schriftliche Beleg des Glaubens an die Auferstehung.

2. Korinther
Der Brief bekräftigt neu die Autori-

tät des Paulus als Apostel gegenüber einigen unbekannten Kritikern in Korinth.

Lesestücke
Kapitel 4,5-12: Wie Paulus den Dienst eines Apostels sieht: Diener, nicht Meister.

Kapitel 12,1-10: Paulus' herrliche Vision und sein „Dorn im Fleisch".

Galater
Der harte Brief an eine Gemeinde, von der Paulus den Eindruck hat, dass sie verführt wurde durch Menschen, die lehrten, ein Christ müsse sich an das jüdische Gesetz halten.

Lesestücke
Kapitel 2,19-21: Das persönliche Zeugnis des Paulus.

* Kapitel 5,13-26: Gebrauch und Missbrauch von wahrer Freiheit. Der Gegensatz zwischen einem Leben, das von den Trieben (das „Fleisch") bestimmt wird und einem Leben im Geist.

Epheser
Lesestücke
Kapitel 5,21-6,20: Wie ein christlicher Haushalt geführt werden sollte (Modell des 1. Jahrhunderts!). Die Quelle geistlicher Stärke (Gebet, Wahrheit, Gerechtigkeit).

Philipper
Vermutlich die Lieblingsgemeinde des Paulus (den Bericht über die Gründung finden wir in Apostelge-

schichte 16,11-40). Unter den Leitern der Gemeinde werden viele Frauen erwähnt.

Lesestücke
* Kapitel 2,5-12: Die Selbsterniedrigung Jesu und seine Erhöhung durch Gott als ein Modell für christliche Demut.

* Kapitel 4,4-9: Ein sehr bekannter Abschnitt: Wie man beides findet, den Frieden mit Gott und den Gott des Friedens.

Kolosser
Der Brief an eine Gemeinde, die Paulus nicht besucht hat.

Lesestück
Kapitel 1,15-20: Wie Paulus den Platz Jesu Christi in der göttlichen Ordnung der Dinge versteht: der Eine, durch den die ganze Schöpfung – nicht weniger – versöhnt wird mit Gott.

1. Thessalonicher
Zwei Briefe an die Gemeinde in Thessalonich. Sie wurden geschrieben, um die Bedenken bezüglich der bereits verstorbenen Mitchristen und dem zweiten Kommen Christi (das die junge Kirche unmittelbar erwartete) zu korrigieren.

Lesestücke
* Kapitel 4,13-18: Der Platz der verstorbenen Christen und derer, die bei der Wiederkunft leben.

Kapitel 5,1-11: Die Gewissheit, dass Jesus wiederkommt – doch Tag und Stunde sind unbekannt.

2. Thessalonicher

Lesestück

Kapitel 2,1-5: Eine weitere Beteuerung, dass Christus gewiss kommen wird, aber offenbar nicht, bevor der „Widersacher" erschienen ist, „der sich erhebt über alles, was Gott oder Gottesdienst heißt, sodass er sich in den Tempel Gottes setzt und vorgibt, er sei Gott" (2,4; LÜ, vielleicht eine Anspielung auf das kaiserliche Rom).

1. Timotheus

Die beiden Briefe an Timotheus und der kurze Brief an Titus unterscheiden sich deutlich von den anderen Briefen des Paulus. Sie richten sich an vertraute Einzelpersonen, nicht an Gemeinden. Timotheus und Titus werden von dem Apostel als junge Männer betrachtet, die seinen Auftrag nach seinem (offensichtlich kurz bevorstehenden) Tod fortführen werden und die Gemeinden davor schützen sollen, aus der Spur zu geraten. Diese Vorgaben unterscheiden sich von den anderen Briefen, was für den so ganz anderen Tonfall, den Stil und das Vokabular verantwortlich sein dürfte. Es ist schwierig, diese Briefe in einen historischen Zusammenhang zu stellen, da uns die Reisen des Paulus über den Bericht der Apostelgeschichte hinaus unbekannt sind, ebenso sein endgültiges Schicksal. Es ist sehr wahrscheinlich, dass er als Märtyrer im Rom starb.

Lesestücke

Kapitel 2,1-7: Prioritäten im Gebet.

Kapitel 6,11-16: Eine Ermahnung an Timotheus, so zu leben, wie es für einen Diener Gottes angemessen ist.

2. Timotheus

Lesestück

Kapitel 4,1-8: Eine letzte Anweisung an Timotheus und eine letzte Glaubensbotschaft von Paulus.

Titus

Ein kurzer Brief an Titus, der durch Paulus zum Glauben gekommen war. Jetzt ist ihm die Verantwortung für die Gemeinden in Kreta übertragen – einschließlich der Auswahl und Einsetzung von Ältesten und der Sorge für die Erhaltung der rechten Lehre und eines christlichen Lebensstils. Für die Kompakt-Bibel benötigen wir hieraus keinen Beitrag, aber folgende Abschnitte könnten interessant sein: 1,15; 2,11-13; 3,4-7.

Philemon

Ein weiterer „Einzelbrief" des Paulus – diesmal an einen Christen, dessen Sklave geflohen war und schließlich Paulus während einer Zeit des Hausarrestes in Rom diente. Er gibt einen interessanten Einblick in den moralischen Konflikt, den die Sklaverei für die Christen im 1. Jahrhundert schuf. Paulus sendet den Sklaven zurück zu seinem Besitzer, doch nicht, wie er es ausdrückt, als Sklave, sondern als „ge-

liebten Bruder". Es ist ein kurzer Brief – bestimmt lesenswert, weil er ein Licht auf die zeitgenössische Sicht der Sklaverei wirft.

Hebräer

Dies ist der Brief eines unbekannten Autors an jüdische Christen. Er setzt sich detailliert auseinander mit der Beziehung zwischen dem alten und dem neuen Bund Gottes mit den Menschen. Er enthält auch etliche Warnungen an die Leser, nicht zum Judentum zurückzukehren. Für unseren unmittelbaren Zweck enthält er einige Abschnitte, die uns zu einer deutlicheren Sicht verhelfen, wie die Christen ihren Glauben verstanden: Er war gegründet auf das Fundament der Offenbarung, die ursprünglich den Patriarchen und Propheten in Israel gegeben wurde.

Lesestücke

Kapitel 1,1-14: Christus steht über den Engeln und den Propheten Israels, denn er ist Gottes Sohn.

Kapitel 10,1-14: Das Gesetz ist ein „Schatten" der „guten Dinge, die kommen" in Christus, der ein Priester ist und mit einem einzigen, einmaligen Opfer die Sünden für immer weggenommen hat.

Kapitel 11,1-3: Eine kurze, hilfreiche Definition von Glauben!

Ein jüdischer Schriftgelehrter bei der Arbeit

Kapitel 12,1-2: Die Priorität der Christen: „Auf Jesus sehen".

Jakobus

Ein kurzes Buch mit Anweisungen von Jakobus, der sich selbst nur „ein Diener Gottes und des Herrn Jesus Christus" nennt. Er war der Leiter der Urgemeinde in Jerusalem und wird allgemein identifiziert mit dem Bruder Jesu (vgl. Markus 6,3). An vielen Stellen klingt die Bergpredigt an. Das Buch zeigt einen jüdischen Hintergrund und ist sehr praktisch und nüchtern.

Lesestücke
Kapitel 1,22-27: Eine praktische, wirksame Religion.

Kapitel 3,3-18: Die Gefahren einer unkontrollierten Zunge und der Segen eines friedlichen Lebensstils.

Kapitel 4,1-10: Konflikte verhindern – sich Gott unterordnen.

1. Petrus

Der erste von zwei Briefen, die dem Apostel Petrus zugeschrieben werden und sich an Christen richten, die über den Nahen Osten verstreut leben. Vermutlich hatte sie die erste Welle der Christenverfolgung, auf die der Text Bezug nimmt, über das Römische Reich zerstreut.

Lesestücke
Kapitel 1,3-9: Ein bewegender Ausdruck der Dankbarkeit gegenüber dem Vater „unseres Herrn Jesus Christus".

Kapitel 2,4-10: Die Gemeinde als das „Neue Israel", Gottes „königliche Priesterschaft".

2. Petrus

Ein Brief aus einer sehr späten Phase der apostolischen Zeit; die Autorschaft des Petrus ist oft angezweifelt worden. Er beschäftigt sich mit einer Zeit, in der Fragen über die lange Verzögerung der Wiederkunft Jesu gestellt werden (3,3-10).

Lesestück
Kapitel 1,16-21: Eine Rückbesinnung auf die Verklärung Jesu und eine Bestätigung der Autorität der Schrift.

1. Johannes

Der erste von drei kurzen Briefen von Johannes, dem Autor des vierten Evangeliums und der Offenbarung. Er schreibt an Gemeinden, die er kennt oder selbst gegründet hat, und warnt sie vor falscher Lehre (besonders über die Natur Jesu) und ermutigt sie in ihrem Glauben.

Lesestücke
Kapitel 1,1-2,2: Die Mitte der apostolischen Botschaft – und eine realistische Sicht von Sünde und Vergebung.

Kapitel 4,7-21: Ein klassischer Abschnitt über das Wesen Gottes. Er ist Liebe, und daraus folgt, dass wir uns untereinander lieben sollen.

2. und 3. Johannes

Ein kurzer Brief an eine „auserwählte Herrin und ihre Kinder" (vielleicht eine verschlüsselte Anrede einer Gemeinde) – und eine an einen Freund, Gajus. In beiden wird vor falscher Lehre und ihren Lehrern gewarnt.

Judas

Ein kurzer Brief von Judas, der sich überwiegend beschäftigt mit der Bekämpfung von Irrlehre und Spaltungen in der Gemeinde.

Offenbarung

Dieses fremdartige und zugleich faszinierende Buch wurde ausführlich im Kapitel „Die Bibel und die Zukunft" besprochen. In der „Kompakt-Bibel" sollten jedoch einige der einprägsameren Visionen und Bilder nicht fehlen.

Lesestücke

Kapitel 1,9-20: Johannes beschreibt, wie er diese Vision erhielt: Er war „im Geist", es war Sonntag (der Tag des Herrn) und er befand sich im Exil auf der Insel Patmos. Die erste Vision zeigt den auferstandenen Christus in Herrlichkeit und kündigt seine Botschaften an die sieben Gemeinden in Kleinasien (der heutigen Türkei) an. Diese folgen dann in Kapitel 2 und 3.

Kapitel 5,1-14: Eine Vision vom Himmel – der Thron Gottes und des Lammes, das aussieht „wie geschlachtet" (Jesus). Die Schriftrolle mit den sieben Siegeln (verborgenes Wissen), deren Inhalt offenbart werden soll, wenn die Siegel gebrochen sind.

Kapitel 7,9-17: Die Herrlichkeit der Märtyrer im Himmel. Sie haben ihre Kleider „im Blut des Lammes" weiß gewaschen.

Kapitel 8-18: Verschiedene Plagen und Gerichte treffen die Erde, einschließlich des Sturzes von „Babylon, der Großen" (offensichtlich Rom), das regiert wird von einem „Tier" mit sieben Köpfen und 10 Hörnern. Währenddessen regieren Gott und das Lamm über das ganze Geschehen und ziehen die Register.

Kapitel 19,1-21: Am Ende greift Gott direkt ein. Seine Armee ist gekleidet in feines Leinen, rein und weiß, und wird angeführt von einem Reiter auf einem weißen Pferd mit dem Namen „Treu und Wahr". Sie bringen das Gericht über die, die Böses tun.

Kapitel 21,1-7: das neue Jerusalem.

Kapitel 21,22-22,13: Die Herrlichkeit des Himmels. Die Völker sind geheilt. „Nichts wird mehr verflucht sein." Christus, mit göttlichen Titeln und als das „Alpha und Omega" bezeichnet, also der Erste und der Letzte, wird bald kommen.

SCHLUSSWORT

Sie haben sich nun durch die „Kompakt-Bibel" durchgearbeitet! Wenn Sie ihrer Spur gefolgt sind und die Lesestücke alle gelesen haben, werden Sie einen ziemlich guten Überblick über die Botschaft der Bibel haben. Ich hoffe, dass das Ihren Appetit anregen wird und Sie diese beeindruckende Sammlung noch umfassender entdecken wollen; zweifellos ist es das einflussreichste Buch in der Geschichte unserer Zivilisation. Wir haben begonnen mit ihrem „Entwurf", und vielleicht ist das auch das passende Ende. Die Bibel ist kein „literarisches Kunstwerk" (auch wenn es die Luther-Übersetzung, die ja auch unsere deutsche Sprache wesentlich mit geformt hat, sicher ist). Sie will nicht in erster Linie ein wissenschaftliches Handbuch oder die Quelle historischer oder geografischer Informationen sein (obwohl sie auch das immer wieder ist). Sie ist kein Sammelband von Geschichten oder Gedichten (obwohl sie fantastische Geschichten und schöne Gedichte enthält). Dieses Buch wurde durch ungezählte Hände über viele Jahrhunderte von einer unsichtbaren, aber – das glaube ich – göttlichen Befähigung gewoben. Es will nicht weniger sein als „das Wort Gottes" – seine Botschaft durch die Zeitalter, seine Wahrheit für jede Generation. Es wäre eine Tragödie, dieses Buch in den Händen zu halten und sich nicht einmal die Mühe zu machen, diesen Anspruch zu überprüfen.

Register

A

Abel 17, 59, 60
Abendmahl 36, 76, 80, 144, 150
Abraham 23, 45, 47, 58, 59, 60, 62, 70, 78, 121, 133
Adam 11, 12, 17, 25, 29, 31, 33, 59, 60, 121
Agur 84
Ahab 62
Altes Testament 12, 14, 45, 70, 82, 86, 90, 112, 113, 116, 117, 118, 119, 121, 124, 137, 142
Amos 138
Antichrist 102, 108,
Apokalypse 104, 106, 144
Apokryphen 141, 142
Apostelgeschichte 14, 62, 63, 73, 74, 138, 145, 148, 149, 151, 152
Archäologie 23
Aramäisch siehe: Sprachen
Aschera (Aschtoret) 119,
Auge um Auge 45, 55

B

Baal 119, 127
Babylon 102, 108, 126, 128, 130, 132, 134, 135, 136, 155
Bagdad 26
Barabbas 144
Barmherzigkeit 42, 47, 53, 55, 60, 114
Batseba 49, 50, 51, 62, 102, 126
Begräbnis 57, 109, 144
Bergpredigt 42, 43, 53, 55, 56, 99, 154
Bethlehem 68, 108, 144
Briefe 10, 11, 14, 42, 94, 96, 96, 97, 97, 98, 99, 149, 150, 151, 152, 154
Brotbrechen 35, 36, 76

C

Caesarea Philippi 73
Chronik 14, 17, 17, 21, 128

D

Damaskus 97, 97, 148
Daniel 73, 102, 103, 104, 136, 137, 141
David 49, 50, 51, 51, 52, 53, 57, 60, 61, 62, 82, 84, 102, 108, 126, 127, 130, 131, 138
Delila 57, 62, 126
Deuterokanonische Bücher 142
Deuteronomium 124

E

Eden 16, 27, 28, 29, 31, 46
Ehe 44, 145
Ehebruch 44, 51, 52, 52, 54, 56, 91, 102, 126, 147
Elia 56, 62, 127, 141, 144
Elisa 127
Emmaus 76, 78, 145
Engel 25, 29, 32, 100, 106, 144, 148, 153
Epheserbrief 151
Ephesus 38, 94, 115
Erlöser 12
(siehe auch Retter)
Esra 14, 128, 129, 141
Esther 129, 141
Ethik 41, 45, 47, 47, 48, 49, 52, 53, 55, 55, 56, 56
Eva 11, 12, 17, 25, 29, 31, 33, 59
Evangelien (allg.) 10, 12, 14, 21, 24, 25, 35, 35, 36, 37, 38, 45, 52, 57, 62–81, 90, 91, 93, 103, 104, 109, 112, 115, 116, 117, 142, 143, 147, 148
Ewiges Leben 36, 67, 91, 95, 145
Exodus 119, 122, 123, 124

F

Fischfang 37
Flut 17, 18, 21, 53, 121
Frucht 17, 28, 29, 31, 32, 32, 93

G

Galaterbrief 94, 151
Galiläa 37, 68, 108, 143, 144
Galiläisches Meer
siehe: Genezareth, See
Gartengrab 72
Gebote, zehn 11, 44, 46, 122, 123, 124
Genesis 10, 18, 24, 46, 112, 121
Genezareth, See 34, 37, 39, 40, 65, 68
Gerechtigkeit (juristisch) 42, 46, 47, 48, 49, 51, 53, 55, 56, 63, 110, 151
Gerechtigkeit (theologisch) 56, 99, 102, 111, 131, 141, 150
Gericht 32, 55, 73, 111, 131, 132, 132, 134, 136, 138, 139, 141, 155
Gesetz 11, 14, 38, 41, 42, 44, 45, 45, 46, 52, 52, 53, 55, 56, 73, 97, 99, 122, 124, 128, 129, 149, 151, 153
Gethsemane 63, 144
Glaube, christlicher 21, 33, 36, 42, 65, 96, 98, 110, 111, 116, 118, 149, 152, 153
Glaube, persönlicher 15, 19, 23, 37, 40, 96, 100, 103, 104, 110, 116, 119, 142, 143, 150
Gleichnisse 10, 23, 25, 26, 42, 75, 78, 92, 103
Golgatha 72
Goliat 57, 126, 127
Gomorra 47
Gordon, General 72
Gott, Glaube an 24, 62
Schöpfer 15, 45
Gottes Barmherzigkeit 47, 53, 55, 56, 114, 139
Beziehung zu den Menschen 10, 44, 150
Geist
siehe: Heiliger Geist
Gerechtigkeit 44, 47, 86, 140
Gesetz 56, 128
Heiligkeit 42, 86, 140
Kinder 12, 78, 93

BILDNACHWEISE